FRIEDRICH NIETZSCHE

Briefe an die Mutter

Eine Auswahl
aus den Jahren 1850–1888

Herausgegeben
und mit einem Nachwort
von Ludger Lütkehaus

MANESSE VERLAG
ZÜRICH

FRIEDRICH NIETZSCHE
Trennung

Und muß ich denn nun scheiden,
So sei fein still, mein Herz!
Die Lieben all' zu meiden,
Das macht mir doch viel Schmerz.
Daß ich sie nicht mehr sehe,
Wie tut mir's doch so wehe!
Sei doch fein still, mein Herz!

Wenn Seelen treu verbunden
Sich scheiden, ist viel Leid.
So oft ich denk' der Stunden,
Der schönen, gold'nen Zeit,
Da bluten meine Wunden,
Ich kann nicht mehr gesunden
Vor tiefer Traurigkeit.

Und doch – ein Trost ist blieben,
Der strahlt so hell, so licht:
Wenn sich zwei Seelen lieben,
So trennt die Fern' sie nicht.
Kein Unglück, keine Leiden
Vermögen uns zu scheiden!
O holde Zuversicht!

(gedichtet vom Vierzehnjährigen)

Naumburg a/S. d. 8. August 1850

Meine liebe Mutter.

Ich denke recht oft an Dich und möchte immer gern wissen wie Du Dich befindest; komm ja bald wieder zu uns. Ich bin gesund und munter, habe Dich sehr lieb und will seyn

Dein
gehorsamer Fritz.

[Naumburg, 3. März 1851]

Meine liebe Mutter,

Ich möchte dich gern sprechen aber weil ich nicht bei dir bin muß ich dir ein Briefchen schreiben. Ich freute mich sehr über den Äpfelkuchen, ich danke schön dafür.

Ich denke immer an Dich und an Elisabeth, aber schreiben kann ich nicht mehr, denn ich bin müde.

Dein treuer Sohn
Fritz Nietzsche.

Pforta den 6 October 1858

Liebe Mutter!

Gleich heute, am ersten Tage meines Pförtnerlebens, schreibe ich an Dich und ich hätte Dir auch mancherlei mitzutheilen, was ich aber, da mir die Zeit fehlt, auf den Sonntag in Almrich versparen will. Bis jetzt befinde ich mich recht wohl, aber was ist an einem fremden Orte recht wohl?! Ich habe auch manche schon kennengelernt wie Braune, Thränhart, Neidhardt. Überhaupt werde ich mit der Zeit schon heimischer werden, aber lange wird's sicher dauern. –

Ich habe nun meinen Schrank eingeräumt, aber fand vieles nicht im Koffer, wie Tintenfaß, Stahlfedern, Seife und manche Kleinigkeiten. Schicke mir diese Sachen und eine Tüte Chokoladenpulver mit. Dann auch ein Buch: Voigt, «Geographie». Wenn es nicht unter meinen Büchern ist, so besorge es so schnell als möglich von Domrich zu mir. Einige Bücher habe ich mir hier schon kaufen müssen, ebenso ein Glas und Tasse. Hast du mit Hr. Professor Budensieg schon die Geldangelegenheiten abgemacht, da er doch alles Gekaufte bezahlen muß? Was sagt Lisbeth dazu?! Will sie nicht einmal schreiben, da sie mehr Zeit als ich hat? Ihr seid gewiß alle sehr beschäftigt mit dem Auszug, und [werdet] deshalb wohl nicht viel an mich denken können. Nun dann, wenn ihr und ich eingewohnt sind, dann wollen wir uns öfter besuchen. Meine Hosen habe ich von Schn* Steinkopf erhalten, Weste und Rock erwarte ich sehnlich. Ebenso hat Steinkopf mir Maß zu einer Turnjacke genommen, die sehr bald besorgt sein muß. – Viele Grüße an Lisbeth, Tante Rosalien, Rieckchen und Lina, an Wilhelm und Gustav und an alle, die sich meiner erinnern. Ein andermal mehr.

Dein
Fr. W. Nietzsche.
Alumnus portensis** etc.

Pforta. d. 9ten Oct. 1858

Liebe Mutter!

Du wirst Dich sicher wundern, daß ich schon wieder schreibe. Als ich heute meinen Brief abgab, empfing ich den lieben Deinigen. Ich habe mich sehr darüber gefreut und danke noch vielmal. Grüße auch die Tante vielmal und sage ihr, ich würde an den nächsten Sonntage kommen, wenn es irgend möglich ist. Du

* Abk. f. «Schneider».
** Lat. «Zögling des Alumnats (=Schülerheims) Pforta».

wünschst ein Verzeichnis von allem, was ich brauche. Hier folgt es; was noch fehlt, findest Du in den Briefen.

Brille Schere. Tinte. Damenbrett
Heftzeug. Stiefelknecht. Morgenschuh
Stecknadeln. Schocoladenpulv. Kandel.
Octavbücher. (vergleiche den I und II Brief)

Miethe nur ein Klavier bei Häneln; ich sehne mich sehr, wieder einmal zu spielen; dann schicke mir meine Uhr und Morgenschuh. – Bis jetzt geht es mir recht wohl, ich hatte mir Pforta weit ungemüthlicher gedacht, als es ist; dennoch aber läßt sich kein Vergleich machen zwischen Pförtner und Naumburger Gemüthlichkeit. Auch in der Klasse ist es bei weitem strenger. Ich kann aber aufstehen, wenn ich will, und da ich alle Morgen um 5 Uhr aufstehe, so schreibe ich Dir allemal einen Brief. Sonst hätte ich nicht Zeit dazu. Ein andermal werde ich mehr schreiben. Schikke mir nur ja alles, was in den drei Briefen stand. Viele herzliche Grüße an alle, die meiner gedenken.

Dein Fritz.
Al P*

* Abk. f. «Alumnus portensis», s. S. 7.

Vergiß meinen Geburtstag nicht! Du kannst mir recht gut einen Kuchen schicken, da bloß 8 in meiner Stube sind. Sehr lieb wäre mir auch ein Kasten, ähnlich wie mein Grünen, wo ich alles wie Bleistift, Schere, Nähzeug hineinstecken könnte.

[Pforta, 16. Oktober 1858]

Liebe Mamma!

Ich schreibe nur, um dir noch recht viele Mal für alles, was du mir zu meinem Geburtstag geschickt, zu danken. Du hast mir mit allen große Freude bereitet. Wie nett war der schöne Kuchen in Wein, Nüssen und Blumen eingepackt! [...]

Lebe wohl!!
Dein Fr W Nietzsche.

Al port
Schickt Brillen!!!

[Pforta, 22. September 1859]

Liebe Mamma!

Nach dem gestrigen Besuche muß ich Dir heute doch noch schreiben. Es ist mir nämlich das Malheur passiert, daß meine schwarze gute Hose zerrissen ist. Du kennst wohl schon die wilden Feierlichkeiten des Examenmanns. Ich hatte die Hosen des Examens wegen noch an, stürzte hin, und sie platzten auf dem Knie. Ich möchte sie Dir nun gern schicken, kann aber nicht, da mir die Kiste fehlt. Sonntag werde ich nun wahrscheinlich nicht kommen können. Ich werde überhaupt auch die Klassenparthien deshalb nicht mitmachen können, da meine andren Hosen (Turn) durch Blutflecke am Knie entstellt sind und meine alten schwarzen zerrissen. Das ist doch rechte Hosennoth! [...]

Dein Fritz.

[Pforta, 3. Oktober 1859]

Liebe Mamma!

– Meinem Versprechen zufolge schreibe ich Dir heute am Montag. Ich bin gestern abend eine Stunde zu früh in Pforta angekommen; es waren während dieser Tage hundert abwesend. Nun, das ist der letzte Brief, den ich an euch nach Naumburg sende. Ihr dürft aber gar nicht denken, daß ich da noch traurig Abschied nehmen will; der Brief würde dir (glaube ich) dann eher unlieb sein. Ich freue mich nur noch, daß wir diese drei Tage zusammen verlebt haben und danke noch viele mal. – [...]

Es gibt im Menschenleben Augenblicke
Wo wir vergessen, daß wir einen Punct
Im unermessnen Weltall nur bewohnen!

Glück zu!
Dein FrWN.

Schicke mir einen
Theelöffel
Siegellack-Oblaten
Ein Messer
Messias*
Cacao
Wäsche.
Streichhölzer.
Rosenstahlfedern
Schlittschuh

* Biblisches Hexameterepos von Friedrich Gottlieb Klopstock (1724–1803), der gleichfalls Schüler in Pforta gewesen ist.

[Pforta, 16. April 1863]
Donnerstag früh.

Liebe Mutter.

Wenn ich dir* heute schreibe, so ist es mir eins der unangenehmsten und traurigsten Geschäfte, die ich überhaupt gethan habe. Ich habe mich nämlich sehr vergangen und weiß nicht, ob du mir das verzeihen wirst und kannst. Mit schwerem Herzen und höchst unwillig über mich ergreife ich die Feder, besonders wenn ich unser gemüthliches und durch keine Mißlaute getrübtes Zusammenleben in den Osterferien mir vergegenwärtige. Ich bin also vorigen Sonntag betrunken gewesen und habe auch keine Entschuldigung weiter, als daß ich nicht weiß, was ich vertragen kann und den Nachmittag gerade etwas aufgeregt war. Wie ich zurückkam, bin ich von Obl** Kern dabei gefaßt worden, der mich dann Dienstag in die Synode citieren ließ, wo ich zum Dritten meiner Ordnung herabgesetzt und mir eine Stunde des Sonntagsspaziergangs entzogen wurde. Daß ich sehr niedergeschlagen und verstimmt bin, kannst du dir denken, und zwar mit am meisten, daß ich dir solchen

* Schreibweise hier durchgehend ausnahmsweise mit kleinem «du».

** Abk. f. «Oberlehrer».

Kummer bereite durch eine so unwürdige Geschichte, wie sie mir noch nie im meinem Leben vorgekommen ist. Und dann wie thut es mir auch des Pred.* Kletschke wegen leid, der mir erst solch unerwartetes Vertraun erwiesen! Durch diesen einen Fall verderbe ich mir nun meine leidliche Stellung, die ich mir in vorigem Quartal erworben hatte, völlig. Ich bin auch so ärgerlich über mich, so daß es mit meinen Arbeiten gar nicht vorwärtsgehn will, und kann mich noch gar nicht beruhigen. Schreib mir doch recht bald und recht streng, denn ich verdiene es, und keiner weiß mehr als ich, wie sehr ich es verdiene.

Ich brauche dich wohl nicht weiter zu versichern, wie sehr ich mich zusammennehmen werde, da es jetzt sehr darauf ankommen wird. Ich war auch wieder zu sicher geworden und bin jetzt, allerdings höchst unangenehm, aus dieser Sicherheit aufgescheucht worden.

Heute werde ich zu Pred. Kletschke gehn und mit ihm reden. – Bitte, erzähle übrigens die ganze Sache nicht weiter, wenn sie sonst nicht schon bekannt sein sollte.

Schicke mir übrigens doch baldigst meinen Shawl, ich leide jetzt immer noch an Heiserkeit und Brustschmerzen. Auch den betreffenden Kamm.

* Abk. f. «Prediger».

Nun lebe wohl und schreib mir ja recht bald und sei mir nicht zu böse, liebe Mutter.

Sehr betrübt
Fritz.

[Pforta, 2. Mai 1863]

Liebe Mama.

[...] Was meine Zukunft betrifft, so sind es eben diese ganz praktischen Bedenken, die mich beunruhigen. Von selbst kommt die Entscheidung nicht, was ich studieren soll. Ich muß also selbst darüber nachdenken und wählen; und diese Wahl ist es, die mir Schwierigkeiten macht. Gewiß ist es mein Bestreben, das, was ich studiere, ganz zu studieren, aber um so schwieriger wird die Wahl, da man das Fach heraussuchen muß, worin man etwas Ganzes zu leisten hoffen kann. Und wie trügerisch sind oft diese Hoffnungen! Wie leicht läßt man sich von einer momentanen Vorliebe oder einem alten Familienherkommen oder von besonderen Wünschen fortreißen, so daß die Wahl des Berufes ein Lottospiel erscheint, in dem sehr viele Nieten und sehr wenig Treffer sind. Nun bin ich noch in der besonders unangenehmen Lage, wirklich eine ganze Anzahl von auf die verschiedensten Fächer zerstreuten Interessen zu haben, deren allseitige Befriedigung mich zu einem gelehrten Manne, aber schwerlich zu einem Berufsthier machen würde. Daß ich also einige Interessen abstreifen muß, ist mir klar. Daß ich einige neue hinzugewinnen muß, ebenfalls. Aber welche sollen nun so unglücklich sein, daß ich sie über Bord werfe, vielleicht gerade meine Lieblingskinder!

Ich kann mich nicht deutlicher aussprechen, die kritische Lage ist einleuchtend, und übers Jahr muß ich mich entschieden haben. Von selbst kommt es nicht, und ich selbst kenne die Fächer zu wenig. [...]

Lebt recht wohl allesamt!
Fritz.

[Pforta, 6. September 1863]
Sonntag Abends um zehn Uhr.

Meine Grüße Euch allen!

[...] Also heute einige Zeilen, damit ihr erfahrt, daß ich noch lebe, Bücher um mich gewälzt habe und bis nächsten Sonnabend nicht dran denken kann, aus dieser Verschanzung herauszukommen. Dabei bin ich heiter, mitunter verstimmt, erlebe bald gute und lustige, bald verdrießliche Dinge, aber das Uhrwerk ist im Gang und schnurrt fort, ob eine Fliege sich auch drauf setzt oder eine Nachtigall dabei singt.

Allerdings, der Herbst und seine gereifte Luft hat die Nachtigallen vertrieben, und die Fliegen haben sich dabei eine Erkältung zugezogen. Und ich liebe den Herbst sehr, ob ich ihn gleich mehr durch meine Erinnerung und durch meine Gedichte kenne.

Aber die Luft ist so kristallklar, und man sieht so scharf von Erde nach Himmel, die Welt liegt wie nackt vor den Augen.

Wenn ich minutenlang denken darf, was ich will, da suche ich Worte zu einer Melodie, die ich habe, und eine Melodie zu Worten, die ich habe, und beides zusammen, was ich habe, stimmt nicht, ob es gleich aus einer Seele kam. Aber das ist mein Loos!

Nun gehen sie wieder ab, die Schwalben, die nach Süden zu die Segel richten, und wir singen wieder sentimental hinterdrein und schwenken die Seidel, und mancher wischt sich die Nase vor Rührung, denn der Postillon bläst: Schier dreißig Jahre bist du alt!

Das nennt man heutzutage einen Lebensabschnitt, und mancher Abiturient stellt sich jetzt das Leben wie einen Kuchen vor, von dem er das kleinere, etwas verbrannte Stück vertilgt hat, und nun geht er mit Energie und würdiger Vorbereitung daran, das größere, süßere Schnittchen zu beseitigen.

Und siehe, es bleibt ein schäbiger Rest, den nennt man Lebenserfahrung, und geniert sich, ihn den Hunden vorzuwerfen. Aus Pietät vielleicht. Denn er hat einem viel Zähne gekostet. – [...]

Fritz.

[Bonn,] im Dezember 1864

Meine liebe Mama und Lisbeth,

mein Wunsch ist, daß Ihr das kleine Paketchen erst am Weihnachtsabende aufschnürt, damit Ihr doch eine kleine Überraschung habt, vielleicht auch nur eine Enttäuschung. Meine Bitte ist: Nehmt fürlieb, ich gebe Euch von dem Besten, was ich vermag, aber das ist nicht viel. Ihr werdet meine Mühe und meinen Fleiß daran erkennen; immer dachte ich dabei an Euch und wünschte den Moment bei Euch zu sein, wo Ihr Euch vielleicht darüber freut.

«Und solche liebliche Gedanken laben
Die Arbeit selbst; ich bin am müßigsten,
Wenn ich sie thue»

so heißt es in Shakespeares «Sturm» und so heißt es auch bei mir; müßige Arbeit und arbeitsvolle Muße!

Was sollte ich Euch auch geben, wenn nicht etwas

Eigenes, etwas, worin Ihr mich im Bilde wiederseht. Darum habe ich auch noch den Schattenriß meines jetzigen Äußern vorankleben lassen, damit Ihr meine Gabe gern in die Hand nehmt, und vielleicht auch oft.

Ihr merkt es schon, daß ich mich mit einer gewissen Eitelkeit von meinem Werkchen spreche, und es hat doch seinen ganzen Zweck verfehlt, wenn es Euch nicht gefallen sollte. Wenn Ihr nur einen Christbaum mit Lichtern habt! Denn es muß sich hübsch ausnehmen im Lichterglanz. Ich werde an dem Christabende natürlich lebhaft an Euch denken, und Ihr jedenfalls auch an mich. Es ist zwar recht gemüthlich in meiner Wohnung, und ich will auch jenen Abend sehr angenehm verleben. Auch wir werden uns auf der Kneipe einen Lichterbaum anzünden, auch wir werden uns gegenseitig kleine Geschenke machen. Aber freilich, das ist nur eine matte Nachahmung einer heimathlichen Gewöhnung, an der eben die Hauptsache, die Familie, der Kreis der Verwandten fehlt. [...]

Adieu!

Euer
Friedrich Wilhelm Nietzsche.

[Bonn, Weihnachten 1864]

Meine liebe Mamma und Lisbeth,

ich erzähle Euch jetzt der Reihe nach. –

Sonnabend war herangekommen; ich hatte zu Mittag gegessen und blieb zu Hause, denn ich dachte, daß möglicherweise etwas ankäme. Wenn die Thür des Hauses ging, wenn die Treppe herauf jemand ging, so steigerte sich meine Erwartung. Es wurde dunkel; noch war nichts da. Ich setzte mich auf das Sopha, zündete die Lampe nicht an und stellte mir vor, daß um diese Zeit Ihr Euch bescheeren würdet. Ich aß etwas zu Abend, es war sieben Uhr. Ich ging auf unsre Kneipe, auf dem Wege sah ich viel hell erleuchtete Fenster. Dort fand ich die andern Frankonen* und einen schönen Christbaum. Dann bescheerten wir uns kleine lächerliche Sachen, z.B. bekam einer, der viele Pumpe hat, eine Sparbüchse, ich erhielt wegen meiner Vorliebe für Hektor Berlioz einen Halbmond**. Wir tranken mehrere schöne Bowlen, die der Wirth setzte, und waren heiter. Gegen 11 kam ich nach Hause, aber ich fand nichts.

Morgens wurde ich zur Bescheerung des Wirths

* Bonner Burschenschaft, die F.N. aber im Folgejahr wieder verließ, weil ihm das Verbindungsleben mißfiel.

** Anspielung auf die vom frz. Komponisten weiterentwickelten halbmondförmigen Hörner («Sauerländer Halbmond»).

hinuntergeladen, ich bekam ein höchst elegantes Portemonais. Dann war ich ein Stündchen bei dem Russen, der unter mir wohnt. Wir gingen dann zusammen in die Kirche und wieder heraus. Noch war nichts da. Es wurde Mittag. Da aber brachte man mir zu meiner größten Freude die Kiste. Der Postbote hatte gestern den ganzen Nachmittag herumgesucht, wem die Kiste gehören möchte. Die Adresse war falsch: Ich wohne ja Bonngasse 518.

Nun ging ich eifrig ans Werk mit Hammer und Zange. Und was fand ich alles!

Auf meinem Tisch baute ich alles auf das Schönste auf und setzte mich davor und las zuerst die allerliebsten Briefe. [...] Wie hübsch habt Ihr doch an alles gedacht. [...]
Meinen herzlichsten Dank! Euer Fritz.

[Bonn, Ende Dezember 1864]

Liebe Mama und Lisbeth,

[...] Ich liebe die Sylvesternächte und die Geburtstage. Denn sie geben uns Stunden, wie man sie sich freilich oft machen kann, aber nur zu selten sich macht, wo die Seele stille steht und einen Abschnitt der eignen Entwicklung übersehen kann. In solchen

Stunden werden entscheidende Vorsätze geboren. Ich pflege dann immer die Manuscripte und Briefe des verflossenen Jahres vorzunehmen und mir einige Notizen zu machen. Man ist für ein paar Stunden erhaben über die Zeit und tritt fast aus der eignen Entwicklung heraus. Man sichert und verbrieft sich die Vergangenheit und bekommt Muth und Entschlossenheit, wieder weiter seine Bahnen zu gehen. Es ist schön, wenn auf die Entschlüsse und Vorsätze der Seele – gleichsam die erste junge Saat der Zukunft – die Wünsche und Segnungen der Verwandten wie ein milder Regen fallen. Man sollte daraus nur keine Ceremonie machen, keine offizielle Nöthigung. Denn wenn schon ein pflichtgemäßer Dank mich unmuthig machen kann, wie viel mehr ein pflichtmäßiger Wunsch! Wo man überzeugt sein kann, daß die Seelen gegenseitig innigst zusammenstimmen, da wird der in Worte gefaßte Wunsch zu einer Höflichkeit. Und Höflichkeit geziemt sich für die Gesellschaft, aber nicht für verschlungene Seelen.

Erspart es mir deshalb, die gewöhnliche Formel von Gesundheit, Glück usw. in einer mehr oder weniger neuen Weise auszusprechen. Daß wir uns lieb haben, sehr lieb haben, meine liebe Mama und Lisbeth, das muß uns genügen. [...]

Euer Fritz.

[Leipzig,] Sonntag d. 5 Nov. 1865

Meine liebe Mama und Lisbeth,

[...] Wir sind wieder in das Gleis der gewöhnlichen Arbeiten, Gedanken, Plackereien, Erholungen gerathen; wie wichtig ist mir jetzt der Tag, und wie vieles entscheidet sich oder muß sich entscheiden in den engen Hirnkammern? Tragt Ihr es nur wirklich so leicht, dieses ganze widerspruchsvolle Dasein, wo nichts klar ist, als daß es unklar ist? Mir ist es immer, als ob Ihr im Scherze darüber hinwegkämt. Oder täusche ich mich? Wie glücklich müßt Ihr sein, wenn ich richtig sehe.

Oder höre ich auch hierauf wieder Euren Witz: der Koffer ist's, nur der Koffer ist's, der ihn so verstimmt. Wie naiv! Unnachahmlich! Aber wie wenig verstünden wir uns! «Thue Deine Pflicht!» Gut, meine Verehrten, ich thue sie oder strebe darnach sie zu thun, aber wo endet sie? Woher weiß ich denn das alles, was mir zu erfüllen Pflicht ist? Und setzen wir den Fall, ich lebte nach der Pflicht zur Genüge, ist denn das Lastthier mehr als der Mensch, wenn es genauer als dieser das erfüllt, was man von ihm fordert? Hat man damit seiner Menschheit genug gethan, wenn man die Forderungen der Verhältnisse, in die hinein wir geboren sind, befriedigt? Wer heißt uns denn, uns von den Verhältnissen bestimmen zu lassen?

Aber wenn wir dies nun nicht wollten, wenn wir uns entschlössen, nur auf uns zu achten und die Menschen zu zwingen, uns, wie wir nun sind, anzuerkennen, was dann? Was sollen wir denn dann? Gilt es, ein möglichst erträgliches Dasein sich zu zimmern? Zwei Wege, meine Lieben: Man bemüht sich und gewöhnt sich daran, so beschränkt wie möglich zu sein, und hat man dann seinen Geistesdocht so niedrig wie möglich geschraubt, so sucht man sich Reichthümer und lebt mit den Vergnügungen der Welt. Oder: man weiß, daß das Leben elend ist, man weiß, daß wir die Sklaven des Lebens sind, je mehr wir es genießen wollen, also man entäußert sich der Güter des Lebens, man übt sich in der Enthaltsamkeit, man ist karg gegen sich und liebevoll gegen alle anderen – deshalb, weil wir mitleidig gegen die Genossen des Elends sind – kurz, man lebt nach den strengen Forderungen des ursprünglichen Christenthums, nicht des jetzigen, süßlichen, verschwommenen. Das Christenthum läßt sich nicht «mitmachen» so en passant oder weil es Mode ist.

Und ist denn nun das Leben erträglich? Jawohl, weil seine Last immer geringer wird und uns keine Bande an dasselbe mehr fesseln. Es ist erträglich, weil es dann ohne Schmerz abgeworfen werden kann.

Lebt wohl, meine Lieben
Fritz.

[Leipzig, 31. Januar 1866]

Liebe Mama,

obwohl Du mich am Sonntag sehn wirst und also meine persönlichen Glückwünsche entgegennehmen kannst, so würde es mir doch leid thun, wenn Dein Geburtstagstisch am Freitag kein Lebenszeichen von mir aufwiese. Darum kommt heute meine musikalische Gabe, die Dir meine herzlichen Empfindungen und Wünsche in einer hörbaren Form vorführen soll. Ich halte es nun einmal für würdiger, ja für Dich sicher auch angenehmer, wenn Du etwas von meinen geistigen Erzeugnissen bekommst. Dafür ist dieses heutige Kyrie auch eine seltne Erscheinung, da ich nun bereits über ein Jahr nicht mehr componiert habe und nur in Hinblick auf Deinen Geburtstag mich wieder in die fast aufgegebne Thätigkeit hineinversetzte. Nimm es deshalb einstweilen freundlich hin. Sonntag werde ich es Dir genau erklären und vorspielen. [...]

Mit Gersdorff* habe ich jetzt allwöchentlich einen Abend verabredet, wo wir zusammen griechisch lesen; mit ihm und Mushacke alle vierzehn Tage einmal, wo geschopenhauert wird. Dieser Philospoh nimmt eine sehr bedeutende Stellung in meinen Ge-

* Carl von Gersdorff (1844–1904), ein langjähriger Freund.

danken und meinen Studien ein, und mein Respekt vor ihm nimmt unvergleichlich zu. Ich mache auch Propaganda für ihn und weise einzelne Menschen, wie z.B. den Vetter, geradezu mit der Nase auf ihn hin. Was aber noch wenig genutzt hat. Denn bei dem echten Sachsen heißt es immer «primum vivere, deinde philosophari», «zuerst leben, dann philosophieren».

Damit will ich schließen und auf den Sonntag versparen, was sonst noch zu sagen wäre. Alles Gute und Erquickliche möge Dir im neuen Jahre nahe sein!

Dein Fritz.

am 29t. Mai, geschr. in Leipzig [1866]

Liebe Mama und Lisbeth,

[...] Ich fange den Brief noch einmal von neuem an: denn er ist wieder ein paar Tage liegengeblieben. Dazwischen ist denn Dein Brief mit Geld, liebe Mamma, eingelaufen, für beides sage ich Dir besten Dank. Ich bedaure nur, daß letzteres viel zuwenig ist, und daß ich deshalb in Kürze genöthigt sein werde, Geldbriefe zu schreiben: was immer eine Verschwendung von Tinte und Zeit und sehr langweilig ist.

Ihr habt mich in Naumburg erwartet. Aber so hatten wir es nicht ausgemacht. Heute schicke ich denn nun eine scheußliche Menge von Schmutz und Wäsche. Ich bitte aber um eine rapide Beschleunigung des Wäscheprozesses. Denn in Leipzig ist es ebenso staubig wie heiß: und es scheint mir, als ob aus Schweiß und Staub die Wäsche eine dunkle Färbung und ihren schlechten Geruch erhielte.

Im Grunde kann ich keinen Grund ergründen, weshalb ich noch länger schreiben sollte. Denn Neuigkeiten weiß ich nicht, meine philologischen Ergebnisse interessieren Euch nicht, philosophische Erörterungen liebt ihr nicht, Brief, Geld und Wäsche sind schon abgehandelt, und es fehlt nur noch ein Gruß und ein Schluß.

Die «Afrikanerin»* (à propos Wäsche) habe ich auch gesehen, die Musik ist bedauerlich schlecht, die Personen sehen abscheulich aus, und man glaubt nach Beendigung des Stückes lebhaft an die Abstammung des Menschen vom Affen. Für diesen Kunstgenuß sagt der Tante Rosalie meinen Dank: wenn man mir Freibillete schenkt, ich gehe nicht wieder hinein. [...]

Damit lebt heute und immerdar bestens wohl. Vielleicht komme ich einmal Sonnabends. Aber wenn Ihr

* «L'Africaine», viertes und letztes großes Opernwerk des dt. Komponisten Giacomo Meyerbeer (1791–1864), 1865 in Paris posthum uraufgeführt.

mich erwarten wollt, so werdet Ihr häufig genug durch mein Nichtkommen überrascht werden.

Die Kiste packt mit Vorsicht aus. Es ist nicht alles Wäsche, was stinkt.

Damit empfehle ich mich mit Neigung und Krümmung des Rückenwirbels

als Euer Fritz.

[Leipzig, 12. Februar 1869]

Zur Verbreitung!

FRIEDRICH NIETZSCHE.
Professor extraord. der klassischen
Philologie (mit 800 Thl. Gehalt) an
der Universität Basel.

[Leipzig, zweite Februarhälfte 1869]

Liebe Mutter und Schwester,

ich rechne mit einiger Wahrscheinlichkeit darauf, daß Eure Gemüther nach diesem plötzlichen Stoß des Schicksals sich wieder etwas beruhigt haben, daß Ihr

Euch an jene Thatsache bereits gewöhnt habt. Es wurde mir förmlich etwas Angst bei dem Enthusiasmus Eurer Briefe; schließlich ist ein Professor mehr auf der Welt, und damit ist doch wahrlich alles beim alten geblieben. Ich fürchte, daß man sich in Naumburg ein wenig lustig macht über Eure Freude: und Ihr werdet es nicht übelnehmen, wenn ich dies selbst thue. Worin besteht nun dieses wunderbare Glück, diese entzückende Neuigkeit? Was ist der Kern dieses so verherrlichten Pudels? Schweiß und Mühe: aber um nachzufühlen, bis zu welchem Grade, müßtet Ihr selbst in meiner Haut stecken. Aber Ihr habt bloß die Sahne abgeschöpft, und die mag Euch wohl geschmeckt haben. Mir bleibt die Schlackermilch des täglichen eintönigen Berufs, der freudelosen Einsamkeit usw. [...]

Nun lebt recht wohl und denkt oft an Euren
Fr.

[Basel, Mitte Juni 1869]

Liebe Mutter

nun laß Dir wieder einmal etwas erzählen von Deinem Sohne, dem freien Schweizer, und zwar nur Angenehmes und Erfreuliches, eitel «Milch und Honigseim»: ein Gleichnis, das uns unsre Schweizer Frühstückssitte ganz besonders nahebringt. Freilich ist es ein recht verändertes Leben, das ich hier lebe; nichts mehr von jener souveränen Disposition, von der Verachtung des Tages und der Woche. Vielmehr empfinde ich recht deutlich, wie auch die erwünschteste Thätigkeit, wenn sie «amtlich» und «berufsmäßig» betrieben wird, eine Fessel ist, an der unsereiner mitunter ungeduldig zerrt. Und dann beneide ich meinen Freund Rohde*, der in der Campagna und Etrurien umherschweift, frei wie das Wüstenthier. Am lästigsten wird mir, wie Du Dir denken kannst, die greuliche Masse der «geehrten» Collegen, die sich pflichtmäßig bemühen, mich Abend für Abend einzuladen: so daß ich bereits erfinderisch bin, in geschickter Art Einladungen abzulehnen. Im übrigen sind die Leute mir wohlgesinnt. Und wer mit einiger Verstimmung meine Ankunft an Ort und Stelle aufgenommen hat, hat sich jetzt entweder ins Unvermeidliche gefügt oder auch bei näherer Bekanntschaft mit mir den Grund seiner Verstimmung gehoben gefühlt. Besonders wichtig nach dieser Seite war meine Antrittsrede die ich vor ungewöhnlich angefüllter Aula kürzlich erst gehalten habe, und zwar «über die

* Erwin Rohde (1845–1898), ein bedeutender Altphilologe, wurde früh zum Intimus von F. N.

Persönlichkeit Homers»*. Durch diese Antrittsrede sind die Leute hier von verschiedenem überzeugt worden, und mit ihr war meine Stellung, wie ich deutlich erkenne, gesichert. – Ich würde noch viel zufriedner sein, wenn ich meinen Freund Rohde hier hätte: denn es ist lästig, sich wieder einen intimen Freund und Berather anschaffen zu müssen, als Hausbedarf.

Sonst habe ich Dir wohl schon den Collegen Burckhardt bezeichnet, einen geistvollen Kunsthistoriker, und ebenso den Nationalökonomen Schönberg, als umgangswerthe Menschen.**

Von äußerster Wichtigkeit ist aber, daß ich ja den ersehntesten Freund und Nachbar in Luzern habe, zwar nicht nahe genug, aber doch immer nur so weit, daß jeder freie Tag zu einer Zusammenkunft benutzt werden kann. Dies ist Richard Wagner, der als Mensch durchaus von gleicher Größe und Singularität ist, wie als Künstler. Mit ihm und der genialen Frau von Bülow*** (Tochter Liszts) zusammen habe ich nun schon mehrere glückliche Tage verlebt, z.B. die letzten wieder, Sonnabend und Sonntag. Wagners Villa, am Vierwaldstätter See gelegen, am Fuße des Pilatus, in einer

* «Homer und die klassische Philologie» (28. Mai 1869).

** Jakob Burckhardt (1818–1897), Begründer der systematischen Kunstwissenschaft; Gustav Friedrich Schönberg (1839–1908).

*** Die spätere Gattin Wagners und «Gralshüterin» seines Erbes, Cosima.

bezaubernden See- und Gebirgseinsamkeit, ist, wie Du Dir denken kannst, vortrefflich eingerichtet: wir leben dort zusammen in der angeregtesten Unterhaltung, im liebenswürdigsten Familienkreise und ganz entrückt von der gewöhnlichen gesellschaftlichen Trivialität. Dies ist für mich ein großer Fund.

Soviel für heute. Ich werde Dir sehr dankbar sein, wenn Du mich bald wieder durch einen Deiner inhalt- und liebereichen Briefe über Dein Befinden, und über alles, was mich angeht, benachrichtigst: denn ich lebe wie auf einer Insel. Meinen lieben Verwandten, in deren Mitte Du lebst, meinen besten Gruß, insgleichen dem Vetter Rudolf. Ich erwarte eine Notiz über Lisbeths Geburtstagswünsche.

F. N.

[Basel, vermutlich 27. Januar 1871]

Für den 2ten Febr. 1871

Wie alt, geehrteste Geburtstäglerin, bist Du denn eigentlich geworden? Soviel ich mich erinnere, gehst Du ungefahr mit dem Jahrhundert, und ich freue mich, Dir somit zu Deinem einundsiebzigsten Geburtstage gratulieren zu können: mit welchem Lebensalter doch schon etwas erreicht ist.

Wenn Du auf Deine letzten vierzig Jahre zurückdenkst, so muß es Dir doch ziemlich wohl zu Muthe sein; denn sie sind sehr schnell vergangen: was ein Beweis dafür ist, daß sie glücklich verlebt sind.

Unsereiner wünschte nichts mehr, als mit gleicher, ja noch größerer Schnelligkeit hinter Dir drein zu fahren und Dich einzuholen; doch sagt man mir, daß das schwerer ist, als man denkt, und daß dies nur denjenigen passiere, die am 2. Febr. geboren sind.

Dies rasche Altern der Mütter soll nun das Gegentheil bei den Kindern hervorrufen – und wir haben ja das Beispiel, daß unsre Tochter nicht über die Siebzehn hinauskommt, so sehr sie sich auch seit 8 Jahren bemüht. Da müssen wir beide also uns miteinander trösten: ich, immer noch wie Du, recht behaglich, nur mitunter etwas mehr als Du an Altersschwäche leidend, feire dies Jahr meinen 87ten Geburtstag und darf mich vielleicht dabei pensionieren lassen. In Ehren und nicht ohne einen silbernen Pokal, aus dem Du recht ordentlich nippen sollst.

Für die nächsten fünfzig Jahre Deines Daseins bringe ich Dir heute einen so lange aushaltenden Regenschirm, nebst einer Torte, deren Dauerhaftigkeit mir aber nicht garantiert wurde. Genieße die eine unter dem anderen, wenn Du es Deiner Gesundheit für zuträglich erachtest –

mit welcher Dich herzlich grüßt

Dein Fridericus.

[Basel, 27. Dezember 1871]

Meine liebe Mutter und Schwester,

[...] Nun gehe ich weiter und erzähle die Wirkung, die die schönen rosa Paketchen von meiner lieben Mutter auf mich gemacht haben. Bei dem schönen Juchtenleder dachte ich mir, daß Ihr mich doch sehr verwöhnt: wo soll das noch, bei so aristokratischen Tendenzen, hinaus! Übrigens war mir eine solche Schreibmappe sehr nöthig, und der erste Brief, den ich auf ihr schreibe, gilt Dir, meine liebe Mutter. Ebenso nützlich und erfreulich war der gute Kamm, die Haarbürste, die Kleiderbürste (die nur etwas zu weich ist), die angenehmen Strümpfe und die große Menge schmackhafter Leb- und Pfefferkuchen, alles gleichmäßig schön und festlich verpackt. Nicht zu vergessen die Hosenträger! Es war zu der Fatalität erst gestern gekommen, daß beide anderen alten Hosenträger endgültig zerrissen, so daß ich ohne dieselben ausgehen mußte. Also kommen die neuen im rechten Augenblick: «wenn die Noth am größten, sind die Hosenträger am nächsten», dachte ich mir, als ich sie auspackte. Für alles zusammen empfange meinen herzlichsten Dank; ich habe mich sehr gefreut und freue mich noch, wenn das Parfüm meiner Unterlage zu meiner Nase dringt. Deutlicher als durch diesen Geruch kann man nicht an ein Geschenk erinnern: wie oft werde ich also noch erinnert werden!

Nun sind wir also an der Grenze des Jahres. Ich denke mit Beruhigung daran und scheide dankbar von diesem Jahre. Ihr sollt es noch erleben, wie es für mich in einem gewissen Sinne Epoche macht. Meine Schrift* erscheint nächstens: mit ihr beginne ich das neue Jahr, und jetzt wird man wissen, was ich will, wonach ich mit aller Kraft strebe: meine Thätigkeit beginnt. Es waren schöne Stunden, in denen diese Schrift entstand: es war ein gutes Jahr, trotz seines bedenklichen Anfangs. Bald kam die Gesundheit wieder: und was für schöne erwärmte Zeiten aus Lugano und Basel und Naumburg und Leipzig treten mir jetzt vor das Auge!

Allen, die mir wohlwollend gesinnt sind – und wem mehr als Euch? – danke ich von Herzen an einer solchen Jahresgrenze und wünsche Euch und mir ein glückliches Neujahr in alter Kraft, in alter Liebe, meine liebe Mutter, liebe Schwester!

Euer Fritz.

* Das Buch «Die Geburt der Tragödie aus dem Geiste der Musik», in dem das Gegensatzpaar apollinisch - dionysisch entwikkelt wird, erschien Anfang 1872.

Basel, 21 Sept 73

Meine liebe gute Mutter, so ist denn unsre gute Tante dahin*, und wir sind wieder einsamer. Alt werden und einsam werden scheint dasselbe, und ganz zuletzt ist man wieder nur mit sich zusammen und macht andre durch unsern Tod einsamer.

Gerade weil ich wenig von meinem Vater weiß** und ihn mir mehr aus gelegentlichen Erzählungen errathen muß, waren mir seine nächsten Anverwandten mehr als sonst Tanten zu sein pflegen. Ich freue mich, wenn ich an Tante Riekchen, wie an die Plauenschen usw. denke, daß sie alle eine sonderliche Natur bis in ein hohes Alter festhielten und in sich Halt hatten, um weniger von außen her und von dem so zweifelhaften Wohlwollen der Menschen abzuhängen: ich freue mich dessen, weil ich darin die Raçeeigenschaft derer, die Nietzsche heißen, finde und sie selbst habe.

Deshalb war die gute Tante mir immer auf das Freundlichste gewogen, weil sie es fühlte, wie wir in *einer* Hauptsache verwandt waren, nämlich eben in der Nietzscheschen Hauptsache. Und so ehre ich denn ihr Angedenken, indem ich von Herzen begeh-

* F. N. nimmt Bezug auf den Tod der Tante Friederike Nietzsche, verheiratete Daechsel (1793–1873).

** Der Vater Carl Ludwig Nietzsche war bereits 1849 gestorben.

re, wenn ich alt werden sollte, wenigstens nicht von mir selber, das heißt von dem Geiste meiner Väter abzufallen.

Erwarte jetzt, meine liebe vielgeplagte, weil viel helfende Mutter, nichts mehr von mir und denke gerne

an Deinen Sohn
Friedrich Nietzsche

[Basel,] 1 Febr. [1874]

Meine geliebte Mutter,

eben wird mir gesagt, daß heute schon der erste Februar sei, ich glaube es immer noch nicht recht, mache mich aber daran, sofort an Dich zu schreiben, damit ich noch einigermaßen zur rechten Zeit mit meinen Geburtstagswünschen in Naumburg eintreffe. Nun wollen wir einmal zusehen, was dieses Jahr bringt: hoffentlich für Dich und damit auch für uns Gutes oder Erträgliches. Ich schreibe heute bei schlechter Verdauung und Übelkeit; so denke ich denn zuerst an den Leib und wünsche von Herzen, daß es Dir mit der Gesundheit so fortergehen möge, wie es Dir bis dahin gegangen ist, und daß Du nicht etwa das absurde Beispiel Deines Herrn Sohnes nachahmest, der viel zu früh zu laborieren angefangen hat und der bereits wie ein altes Männchen sich über jeden Tag freut, wo er nicht an Unverdaulichkeit und Schmerzen erinnert wird. Im übrigen hast Du es in Naumburg so ruhig und angenehm, wie ich mich wieder Weihnachten überzeugte, daß mir auch da kein andrer Wunsch einfällt als «es möge alles auch fernerhin beim alten bleiben».

Es hat mir Weihnachten so gut bei Dir gefallen, daß ich wirklich bereits in meinem Gemüthe die Möglichkeit erwogen habe, ob ich nicht vielleicht Ostern wiederkomme; vielleicht gelingt es Dir dann, mich wieder zu kurieren, durch Süppchen, Spazierengehen oder ein Pferdchen vielleicht. Denke einmal darüber nach; oder meinst Du, es sei vernünftig, eine gute Kaltwasseranstalt in meiner Nähe zu besuchen? Ich muß jedenfalls etwas thun, die Schwäche nimmt zu sehr überhand. Auch eine Fußwanderung möchte sehr vernünftig sein. Es wird mir wohl möglich sein, von der Anwesenheit bei dem Osterexamen mich einmal ausnahmsweise dispensieren zu lassen: so daß ich ungefähr 4 Wochen Ferien hätte. Ach, ich hätte so gern ein kleines Landgut: da hinge ich auf einige Zeit meine Professur an den Nagel. Nun bin ich 5 Jahre Professor; ich dächte, es wäre bald genug. Wirklich, ich möchte es wie Gersdorff machen und Stoppelhopser werden.

Übrigens ruhe ich mich aus – was man so ausruhen

nennt, eigentlich merke ich nichts davon. Das heißt, ich schreibe augenblicklich kein Buch. Von dem neuerscheinenden* sind 4 Bogen gedruckt, es geht langsam. Die Augen sind öfters angegriffen. [...]

Dein alter Sohn.

[Basel,] Sonntag den letzten Januar 1875

Meine liebe gute Mutter, ich komme eben vom Mittagessen bei Vischer-Heußlers zurück und will schnell noch mein Geburtstagsbriefchen schreiben, damit Du es noch zur rechten Zeit und womöglich noch <u>vor</u> der rechten Zeit bekommst (um es nämlich wiedergutzumachen, daß mein Brief voriges Jahr wohl ein wenig spät kam). Wenn Du nächsten Dienstag 49 Jahr werden solltest – ich weiß es wirklich nicht genau –, so will ich erzählen, was die alten Griechen von diesem Jahre hielten; sie meinten, man sei in diesem Jahre <u>auf der Höhe</u> und befinde sich geistlich und leiblich recht gut; weshalb ich Dir zu diesem Jahre besonders gratulieren will. Ich nehme ungefähr an, Du habest damit das erste Halbtheil Deines Lebens abgeschlossen, doch

* «Vom Nutzen und Nachteil der Historie für das Leben».

steht einer andern Auffassung nichts entgegen, wenn Du z.B. vorziehen solltest, damit erst das erste Drittel des Lebens absolviert zu haben ... In letzterem Falle würdest Du auf dieser Erde noch Zeit haben bis 1973, im ersteren bloß bis 1924. Da ich mir selber vorgenommen habe, leidlich alt zu werden, so wollen wir uns nur daran gewöhnen, uns ungefähr als gleichalterig anzusehen; und wer weiß, ob Du nicht in 10 Jahren jünger aussiehst als ich in 10 Jahren! Ich glaube es beinahe und will mich nicht wundern. Irgendwann wird mich jeder, der es nicht besser weiß, für den älteren Bruder halten (und Lisbeth vielleicht, wenn sie sich so fort in ihrer Jugend einmumisiert), für unser Enkelchen. Das wird eine schöne verkehrte Welt abgeben! Und woher kommt's? Daher daß die Frau Mutter partout nicht alt werden will. Wozu ich heute aber von ganzem Herzen gratuliere.

Mir geht es erträglich. Genug Arbeit, wenig Ruh bei Tag und Nacht. Doch halten's die Augen aus.

Die Jahre rennen so hin, und ich bin ferne davon, das Leben für eine schöne Erfindung anzusehen. [...]

Nun, meine liebe Mutter, feiere Deinen Ehrentag, wie auch ich ihn in der Ferne feiern werde. Behalte lieb Deinen

Fritz

[St. Moritz, Anfang Juli 1879]

Meine liebe gute Mutter, ich höre mit Vergnügen durch Deinen gemüthlichen Brief, wie Dein Heimwesen sich hebt und verschönert, und zwar so, wie ich's gern habe, durch die einfachsten Mittel und allmählich. Der alte Turm am Zwinger spukt mir immer noch im Kopfe, ob da nicht eine Stube für mich einzurichten sei: und dann frage ich, ob überhaupt nicht ein Gärtchen in der Nähe wäre, wo wir all unser Gemüse selber bauen könnten. So viel davon. – St. Moritz ist höher als Rigikulm, wo Du warst: Du wirst in der «Schweiz» eine Abbildung davon gefunden haben, wohl auch von dem benachbarten Pontresina. Wälder, Seen, die besten Spazierwege, wie sie für mich Fast-Blinden hergerichtet sein müssen, und die erquicklichste Luft – die beste in Europa –, das macht mir den Ort lieb. Aber krank bin ich so viel wie überall, es geht mir so wie im Herbst in Naumburg, jeden zweiten Tag muß ich zu Bett zubringen. Doch halte ich es hier besser aus, während ich anderwärts, namentlich in Basel, an der Grenze der Verzweiflung war.

An Genesung ist gar nicht zu denken, es ist sehr viel, wenn ich es erträglicher habe.

Ich wohne still, habe gute Milch und Eier.

Mit herzlichem Gruße Dein F.

[Genua,] 25 December 1880

Heute, meine innig Geliebten, ist Weihnachten, folglich ist Neujahr vor der Thür – so muß denn doch ein Briefchen geschrieben werden, was auch die Herren Augen sagen! –

Gestern lag ich auf meinem Bette und dachte über das Leben nach und kam zum Schlusse, daß doch sehr vieles unvollkommen ist, und man die Zähne oft übereinanderbeißen muß: daher solle man sich etwas Gutes sagen und thun, so oft es angeht, der eine dem anderen, damit doch etwas bei dem ganzen Leben herauskomme!

[...] Gehen wir also friedlich ins neue Jahr, meine Lieben! Ich weiß nicht, was aus ihm wird, glaube überhaupt nicht so recht mehr an wesentliche Veränderung meines Zustandes, er will eben abgewartet und ertragen sein, ohne daß man deshalb allen Lebensmuth verlieren müßte. Dagegen: bei Euch soll noch Gutes kommen, das nicht da ist, und alles Gute bleiben, das da ist: das wünsche ich in herzlicher Liebe!

Lebt wohl! Euer F.

[Genua, 29. Januar 1881]

Meine liebe gute Mutter,

so möge Dir das neue Jahr ein heiteres Gesicht machen! Und wenn es dabei ein Gesicht zeigt, das von dem des alten Jahres nicht gar zu verschieden ist, so wollen wir alle damit zufrieden sein! Denn im Grunde hast Du, meine liebe Mutter, Dein erträgliches und rechtschaffenes Maaß von irdischem Wohlbefinden, davon überzeuge ich mich bei jedem Besuche mit großem Vergnügen. Daß das «Glück» eines Tages mit Trommeln und Trompeten erst noch käme, daran glauben wir ja alle nicht mehr; jeder hat seine Aufgabe und muß täglich zusehen und sich tummeln, daß sie geräth – und geräth sie, so ist man guter Dinge; schlimmstenfalls macht man eine gute Miene, wie ich jetzt zum bösen Spiele des Winters.

Ja, das ist ein Spazierenlaufen! Denn im Zimmer ist es nicht lange Zeit auszuhalten, und ich habe bis jetzt noch keinen geheizten Raum betreten. Trotzdem bin ich nicht verstimmt, obschon meine Gesundheit entschieden seit dem Eintritt des harten Winters zum Schlechten sich wendet. Hoffentlich dauert es nicht mehr zu lange. Es bedarf einer so sorgfältigen und peinlichen Überlegung, jeden Tag mit einer solchen Gesundheit durch alle Klippen hindurchzuschiffen, daß ich froh bin, es allein abzumachen, denn es sieht so kleinlich aus, selbst unmännlich. Aber ich habe meine Tapferkeit und Männlichkeit in anderen Dingen und muß mich eben durchschlagen, um etwas Ordentliches in meiner Art doch noch, trotz aller bösen Krankheit, zustande zu bringen. Ich esse diesen Winter, der Erwärmung und leichteren Verdauung wegen, mehr Fleisch. Dagegen wagte ich noch nicht wieder mit den Eiern zu beginnen: ich habe immer noch den Naumburger gestoßenen Zucker. Zum Frühstück esse ich altbacknes Weißbrot, zu Thee oder Kaffee. Ich bin regelmäßig wie eine Uhr. Sechs bis acht Stunden gehe ich herum. Eigentlich habe ich das Leben, wie ich es früher ersehnte, als ich von Rothenburg an der Tauber* träumte – erinnere doch unsre Lisbeth daran! – ja, ich habe es gründlicher und tüchtiger, als ich es damals mir ausdachte (ich war noch nicht unabhängig genug im Geiste und noch nicht so durch Erfahrung und Leiden durchgearbeitet, wie ich jetzt es bin – denn, meine liebe Mutter, ob man mir es ansieht oder nicht, ich habe in den letzten 10 Jahren unbändig viel erlebt.)

Und nun nochmals! Frieden und Freuden um Dich! In Treue und Liebe

Dein Sohn F.

* Wunschbild einer «Privatburg und Einsiedelei».

[Recoaro, 11. Juni 1881]

Meine Lieben, in ein paar Wochen kommt mein Buch* zu Euch. Seht es freundlich von außen an: so sieht das Wesen aus, das unsern nicht zu schönen Namen unsterblich machen wird! Aber ich bitte Euch von ganzem Herzen, es nicht zu lesen und es niemandem zu leihen. Es bleibt dabei? [...]

In Liebe
F.

[Sils-Maria, um den 9. Juli 1881]

Meine liebe Mutter,

ich betrübe mich sehr über Deinen und unsern Verlust! Es war ein so sanftmüthiger und braver Mensch, unser Theobald, streng gegen sich und doch kein Fanatiker; ich hielt ihn für den besten unter den Oehlers. Wer weiß, ob nicht an seinem Nervenleiden, noch mehr als seine Theologie, die Quacksalberei seines Schwiegervaters den Hauptantheil hat! Er hat den Tod dem Irrenhause vorgezogen und wahrscheinlich

* «Morgenröte – Gedanken über die moralischen Vorurteile».

klug daran gethan. Wir werden immer seiner mit Rührung gedenken.

Nun noch ein Wort von mir, zur Beruhigung. Ich mache mir Vorwürfe über meine Thorheit, Euch meine kurzen Gesundheits-Kärtchen und nichts weiter zu schicken: – so müßt Ihr einen falschen Eindruck von mir gewinnen. Nie gab es einen Menschen, auf den das Wort «niedergedrückt» weniger gepaßt hätte. Meine Freunde, die mehr von meiner Lebensaufgabe und deren unaufhaltsamer Förderung errathen, meinen, ich sei wenn nicht der Glücklichste so jedenfalls der Muthigste der Menschen. Ich habe Schwereres auf mir als meine Gesundheit und werde damit fertig, auch dies zu tragen. Mein Aussehen ist übrigens vortrefflich, meine Muskulatur infolge meines beständigen Marschierens fast die eines Soldaten, Magen und Unterleib in Ordnung. Mein Nervensystem ist, in Anbetracht der ungeheuren Thätigkeit, die es zu leisten hat, prachtvoll und der Gegenstand meiner Verwunderung, sehr fein und sehr stark: selbst die langen schweren Leiden, ein unzweckmäßiger Beruf und die fehlerhafteste Behandlung haben ihm nicht wesentlich geschadet, ja im letzten Jahre ist es stärker geworden, und, dank ihm, habe ich eines der muthigsten und erhabensten und besonnensten Bücher hervorgebracht, welche jemals aus menschlichem Gehirne und Herzen geboren sind. Selbst wenn ich mir in Recoaro das Leben genommen hätte, so wäre einer der ungebeugtesten und überlegtesten Menschen gestorben, nicht ein Verzweifelnder. Mein Gehirnleiden ist sehr schwer zu beurtheilen, in Betreff des wissenschaftlichen Materials, welches hierzu nöthig ist, bin ich jedem Arzte überlegen. Ja, es beleidigt meinen wissenschaftlichen Stolz, wenn Ihr mir eurerseits neue Kuren vorschlagt und gar meint, ich «ließe meine Krankheit laufen». Vertraut mir doch ein wenig mehr auch hierin! Bis jetzt bin ich erst 2 Jahre in meiner Behandlung, und wenn ich Fehler gemacht habe, so lag es immer daran, daß ich dem eifrigen Zureden anderer endlich nachgegeben habe und Versuche machte. Dahin gehört der Aufenthalt in Naumburg, in Marienbad u. s. w. Jeder verständige Arzt hat mir übrigens eine Genesung erst nach einer längeren Reihe von Jahren in Aussicht gestellt, und vor allem muß ich die schweren Nachwirkungen loszuwerden suchen, von allen jenen falschen Methoden her, nach denen ich so lange Zeit behandelt worden bin. Seid mir ja nicht böse, wenn ich Eure Liebe und Theilnahme in diesem Punkte zurückzuweisen scheine. Aber ich will durchaus mein eigner Arzt nunmehr sein, und die Menschen sollen mir noch nachsagen, daß ich ein guter Arzt gewesen sei – und nicht nur für mich allein. – Immerhin gehe ich noch vielen, vielen Leidenszeiten entgegen; werdet nicht darüber ungedul-

dig, ich bitte Euch von Herzen! Dies macht mich ungeduldiger als meine Leiden selber, weil es mir zeigt, daß meine nächsten Verwandten so wenig Glauben an mich haben.

So viel heute und Ein-für-alle-Mal! Schon viel zu viel für meine Augen!

Wer im geheimen zusehen könnte, wie ich die Rücksichten auf meine Genesung mit der Förderung meiner großen Aufgaben zu verknüpfen weiß, der würde mir keine geringe Ehre zollen. Ich lebe nicht nur sehr muthig, sondern im höchsten Maaße vernünftig und unterstützt von einem reichen medicinischen Wissen und unablässigen Beobachten und Forschen.

Von ganzem Herzen und mit der Bitte,
mir nichts übel zu deuten
Euer Sohn und Bruder.

Schreibt mir gute Dinge hier hinauf, wo ich über der Zukunft der Menschheit brüte, und lassen wir alles das kleine persönliche Leiden und Sorgen beiseite. Auch eine äußerst delikate Wurst würde zu den guten Dingen gehören.

[Rapallo, letzte Dezemberwoche 1882]

Du mußt über einen andern Ton nachdenken, mit mir zu reden: sonst nehme ich keine Briefe mehr aus Naumburg an!

*Ich bringe es schlechterdings nicht mehr über mich, einen Brief aus Naumb zu öffnen; und immer weniger sehe ich ein, wie Ihr das wiedergutmachen wollt, was Ihr mir diesen Sommer angethan habt und dessen Nachwirkungen mich fortwährend treffen.**

[Sils-Maria,] 21 Juni 1883

Meine liebe Mutter und Schwester, dieser Brief wird, wie ich hoffe, Euch wieder beieinander finden; und vielleicht kommt er, wenn Ihr gerade von mir sprecht – nun, ich denke, nichts Schlimmes! Inzwischen ging es mir <u>hart</u>. [...]

Die Leute sind so gut gegen mich und freuen sich

* Die Sommermonate 1882 hatte F. N. in Tautenburg verbracht, und zwar gemeinsam mit seiner Schwester Elisabeth und der von ihm umworbenen Lou von Salomé (1861–1937); Elisabeth gab in diesem Urlaub zu dritt die Anstandsdame und suchte die Verbindung mit allerlei Intrigen zu verhindern; Lou wies Nietzsches Werbung schließlich zurück.

meiner Wiederkehr, zumal die kleine Adrienne*. Im Hause selber, wo ich wohne, kann ich englische Biskuits, Corned-beef, Thee, Seife und eigentlich alles mögliche kaufen: das ist bequem.

Irgendein reicher Freund sollte mir hier ein Haus von 2 Zimmern bauen: denn auf die Dauer mag ich in diesem ganz niedrigen, weiß getünchten Raum nicht leben. Daß ich aber noch manchen Sommer hier herauf muß – ist mir sehr wahrscheinlich.

Ihr könnt nicht glauben, wie melancholisch ich in der Ebene bin. – Hier oben bin ich mehr chez moi**. –

Nun bitte, bitte: eine große Wurstsendung etwas recht Gutes! Auch eine Schinkenwurst dabei! Natürlich auf meine Unkosten! Aber recht bald, daß ich mich von innen her erwärme. [...]

Meine Stimmung ist gut.

Euch herzlich zugethan
Fritz.

* Adrienne Durisch (1877–1896), die kleine Tochter der Vermieter in Sils-Maria.

** Frz. «bei mir».

[Sils-Maria, kurz nach dem 21. Juni 1883]

Meine liebe Mutter

Eine Stunde nach dem Abgange meines Briefes kam Deine Sendung an: schneller konnte meine Bitte nicht erfüllt werden! In der That war alles darin, was ich haben wollte – und einiges mehr, z. B. der herrliche Honig. Doch wollen wir's ja nicht ein zweites Mal probieren! Gewöhnlich läuft der Honig unterwegs aus – wovon mir greuliche Geschichten erzählt wurden. Aber es ist so kalt! Es ist ein vollständiger rauher Winter hier: und sehr trübe dazu, wenn es nicht schneit oder regnet. Abscheulicher Wind!

Trotzdem – es wird schon gehen und besser werden.

Die Wurst ist ausgezeichnet, insgleichen die Süßigkeiten. [...]

Alle Kranken fand ich hier gesund geworden: und die Alten eher jünger als vor 2 Jahren. So den alten Pfarrer von 81 Jahren: er hat diesen Winter keine seiner Funktionen ausgesetzt und geht Sonntag in das tiefste Gebirge stundenweit, um ein Kind zu taufen.

Euch von Herzen dankbar
F.

[Nizza, Januar/Februar 1884]

Aber ein Jahr nachher auf Dinge zurückkommen, die vor meinem intimen Zusammensein mit Frl. Salomé in Tautenburg und Leipzig liegen, war eine Brutalität sondergleichen; und mir dann Brief für Brief Dinge mitzutheilen, die mir ganz neu waren, und nachträglich noch Schmutz auf jene aufopferungsreichen Monate zu werfen, das heiße ich niederträchtig. Wenn Frl. S über mich geäußert hat, daß ich «unter der Maske idealer Ziele schmutzige Absichten in Bezug auf sie verfolgte», durfte ich so etwas ein Jahr nachher erfahren? Ich hätte sie mit Schimpf und Schande fortgejagt und Rées von ihr befreit. – Dies nur als Probe von hundert Fällen, worin sich die verhängnisvolle Perversität meiner Schwester gegen mich gezeigt hat. Im übrigen weiß ich längst, daß sie nicht eher Ruhe hat, als bis ich todt bin. Nun, mein «Zarathustra»** ist fertig! Im Augenblick, wo er fertig wurde und ich in meinen Hafen einfuhr, stand sie da und warf mir Hände voll Schmutz ins Gesicht.*

Es sind Andeutungen in Deinem Briefe, welche mich sprachlos machen.

Bin ich es nicht, der ein Übermaaß von unverdienter Güte Euch im letzten Jahr bewiesen hat? Seid Ihr denn undankbar

* Paul Rée (1849–1901), seit 1873 mit F. N. befreundet, bemühte sich wie dieser um Lou von Salomé; daraus entstand ein mehrmonatiges geistig-erotisches «Dreiecksverhältnis».

** «Also sprach Zarathustra. Ein Buch für Alle und Keinen».

durch und durch? Oder so in den letzten Grund hinein verlogen, daß die einfachste Wahrheit bei Euch auf dem Kopfe steht?

Wer hat sich denn schlecht gegen mich benommen, wenn nicht Ihr? Wer hat mein Leben in Gefahr gebracht, wenn nicht Ihr? Wer hat mich so vollständig im Stich gelassen wie Ihr, und damals, wo ich Trost nöthig hatte, mir mit Verhöhnung und Beschmutzung meines ganzen Lebens und Strebens geantwortet?

Ich kenne erst recht, und von Kindheit an, die moralische Distanz, die mich und Euch trennt, und habe all meine Milde, Geduld und Stillschweigen nöthig gehabt, um Sie Euch nicht allzu fühlbar zu machen. Begreift Ihr denn nichts von dem Widerwillen, den ich zu überwinden habe, mit solchen Menschen, wie Ihr seid, so nahe verwandt zu sein! Was bringt mich denn zum Erbrechen, wenn ich Briefe meiner Schwester lese und diese Mischung von Blödsinn und Dreistigkeit, die sich gar noch moralisch aufputzt, hinunterschlucken muß?

Ich habe nun ein paar Jahre wie ein zu Tode gemartertes Thier gegen L mich gewehrt und geflüchtet; ich habe sie beschworen, mich in Ruhe zu lassen, und sie hat nicht einen Moment aufgehört, mich zu martern. Ich fürchtete mich, vorigen August deshalb nach N** zu gehen, um nicht thätlich mich an ihr zur vergreifen, und berieth deshalb mit O***.*

* Lisbeth.
** Naumburg.
*** Franz Overbeck (1837–1905), ev. Theologieprofessor in Basel.

Und nun stellt sie sich hin und thut, als ob sie an nichts schuld sei!

Ich weiß nicht, was schlimmer ist, die grenzenlose dreiste Albernheit Ls, einen Menschenkenner und Nierenprüfer wie mich über 2 Menschen belehren zu wollen, welche ich Zeit und Lust genug hatte, aus der nächsten Nähe zu studieren: oder die unverschämte Taktlosigkeit, Menschen unausgesetzt mit Schmutz vor mir zu bewerfen, mit denen ich doch jedenfalls ein wichtiges Theil meiner geistigen Entwicklung gemein habe und welche insofern mir 100 Male näherstehen als dieses alberne rachsüchtige Geschöpf.

Mein Ekel, mit so einer erbärmlichen Creatur verwandt zu sein. Woher hat sie diese ekelhafte Brutalität – woher jene verschmitzte Manier, giftig zu stechen (durch welche ihr Brief an Frau R mir unbeschreiblich wehe that, in die Seele von Frau R hinein)

Wenn ein Mensch wie ich sagt, «der und der gehört in den Plan meines Lebens», wie ich es L über Frl S gesagt habe – so ist es eine blödsinnige Albernheit des Urtheils und des Willens zu schaden und sich an überlegenen Geistern zu rächen. Dann mir in einer so infamen Weise entgegenzuarbeiten. Zuletzt habe ich doch durchgesetzt, was ich wollte.

Die dumme Gans ging so weit, mir Neid auf R vorzuwerfen! und mich mit G und sich mit M zu vergleichen!*

* Carl von Gersdorff (s. S. 26) und Malwida von Meysenbug (1816–1903), Gönnerin von F. N., deren Bekanntschaft er 1872 in Bayreuth gemacht hatte.

Du kannst mir nicht nachfühlen, welcher Trost mir jahrelang Dr R gewesen ist – faute de mieux wie es sich von selber versteht, und welche unglaubliche Wohlthat mir gar der Verkehr mit Frl S gewesen ist.*

Was den Brief Ls anlangt – so beunruhigen mich Urtheile über mich selber nicht. Ich denke, ich habe dasselbe schon ein Mal zu hören bekommen – war's von L? Oder von Frl S? Über mich wenigstens stimmten sie damals überein. Wer treibt denn darin doppel Spiel?

*Glaube ja nicht, l M**, daß ich schlechter Laune bin. Im Gegentheil! Aber wer jetzt nicht zu mir hält, der laufe zum Teufel – oder meinetwegen nach P***.*

* Frz. «in Ermangelung eines Besseren».

** Abk. f. «liebe Mutter».

*** Paraguay, wohin Elisabeth dem deutschnationalen Antisemiten Bernhard Förster folgen wollte und es im Jahr nach ihrer Eheschließung 1885 tatsächlich auch tat.

Venedig 14. Juni 1884

Meine liebe Mutter,

in diesen Tagen geht es fort von hier, und da ich für die nächsten 3 Monate mir eine Revision der allersubtilsten Dinge (der erkenntnistheoretischen Probleme) vorgesetzt habe, so bitte ich zu entschuldigen, wenn ich während dieser Zeit ein vollständiges Stillschweigen beobachte und auch von keiner Seite Briefe haben will.

Damit Deine Stimmung darüber sich nicht etwa verdüstere, habe ich eben ein paar Zeilen an meine Schwester geschrieben.

Seht mitsammen zu, wie Ihr es noch eine Weile mit mir aushaltet.

[Sils-Maria, 2. September 1884]
Donnerstag

Meine liebe Mutter,

Deine Gabe, die ich als Geburtstagsgeschenk empfangen habe, hat mich wahrhaft gerührt, und ich möchte gern imstande sein, auch Deinem Wunsche zu entsprechen und nach Naumburg zu kommen. Was die Gegengründe betrifft, so wirst Du durch meinen letzten Brief hinreichend unterrichtet sein. Es versteht sich, daß für einen außerordentlichen Fall (z.B. wenn es vielleicht sich absehn ließe, daß ein Zusammensein zu dreien das letzte für eine längere Zeit sein dürfte – ein Fall, der mir öfters vorschwebt und auf den sich, wie ich gemeint habe, der Wunsch meiner Schwester zu einer Zusammenkunft bezieht) – es versteht sich, daß für einen solchen Fall ich die Rücksichten der Gesundheit (und noch mehr die des Geldes) hintenan setzen würde. Auch würde es mir selber wohlthun, einigermaßen mein Programm für die nächsten 5 Jahre auszusprechen, das sich ziemlich bestimmt gestaltet hat, dank der großen Aufgabe, in deren Dienste ich lebe. Vielleicht würde gerade durch dies letzte allem dem Mißverständlichen und Entfremdenden, an welchem die vergangenen Jahre so reich waren, am besten in Hinsicht auf die Zukunft vorgebeugt. Zum mindesten würde ich klarmachen, weshalb man einem so tief-beschäftigten und ebenso tief-verborgenen Menschen, wie ich bin, mit der größten und schonendsten Vorsicht begegnen müsse (nach der Regel, daß man einen Nachtwandler nicht anreden darf –)

– Im übrigen steht alles gut, und ich habe, trotz der größten Schwierigkeiten, bis zu diesem Zeitpunkte (dem 40ten Lebensjahre) alles noch von mir erreicht, was ich erreichen wollte. –

Schreibe mir, bitte, umgehend, und erwäge, ob im andern Fall vielleicht nächstes Jahr um dieselbe Zeit ein solches Zusammensein zu dreien ins Auge zu fassen wäre.

Es hat mich sehr gefreut, daß Du an die kleine Adrienne gedacht hast. Meine Leute hier sind ausgezeichnet, und nachgerade wird der «Einsiedler von Sils-Maria» von allen Seiten sehr achtungsvoll behandelt. Mehrere der Sommergäste der hiesigen Hôtels haben mir Abschiedsbesuche gemacht.

Honig excellent! Handschuhe sehr erwünscht! –

Wirklich, ich fürchte mich jetzt vor langen Reisen, Du kannst nicht glauben, was ich dies Jahr schon an den Folgen der Eisenbahn- und Postfahrten gelitten habe. Sils und Nizza, Nizza und Sils – und dazwischen eine Frühjahrs-Station: so wird es gehen. – Mit den herzlichsten Wünschen für uns 3.

Dein Sohn F.

[Nizza,] Sonnabend [14. März 1885]

[...] Dem armen K* ist es mit Zürich ergangen, wie mir seinerzeit (das will sagen ungefähr 10 Jahre meiner Jugend!) mit Basel: das Clima dieser Städte ist im Widerspruch mit unsern produktiven Fähigkeiten, und diese beständige Qual macht uns krank. Nach der Seite hin war Basel ein ganz großes Unglück für mich, noch heute leide ich an der schrecklichen Nachwirkung dieser Zeit (und werde nicht mehr davon loskommen).

Man wird tüchtig für seine Unwissenheit bestraft: hätte ich mich zur rechten Zeit mit medizinischen, klimatologischen und dergleichen Problemen beschäftigt, statt mit Suidas und Laertius Diogenes: ich wäre kein halb-zugrunde-gerichteter Mensch. – –

Also: ich habe das Meer nöthig usw. Pardon, ich langweile Euch mit diesen alten Geschichten.

Und so verliert man seine Jugend, und ist nun schon über 40 hinaus, und immer noch in den ersten Experimenten über das, was man nöthig hat, und spätestens seit 20 Jahren haben sollte. –

Ihr seht, ich bin wieder heiterer [...]. Es lebt übrigens jetzt niemand, an dem mir viel gelegen wäre; die Menschen, die ich gerne habe, sind lange, lange todt,

* Heinrich Köselitz (1854–1918), Schüler und Assistent von F. N.

z.B. der Abbé Galiani oder Henri Beyle oder Montaigne.*

Über die Zukunft meiner Schwester mache ich mir meine Gedanken: das will ich sagen, ich glaube nicht recht an ein Zurückkehren des Hr. Dr. Förster nach Paraguay. Europa ist gar nicht so klein, und wenn man nicht in Deutschland leben will (worin ich ihm gleichgeartet bin), so braucht man noch lange nicht so weit zu gehn. Zum Enthusiasmus für «deutsches Wesen» habe ich's freilich noch wenig gebracht, noch weniger aber zum Wunsche, diese «herrliche» Rasse gar rein zu erhalten. Im Gegentheil, im Gegentheil –

Pardon, Ihr seht, wie heiter ich bin. Vielleicht, daß wir uns dies Jahr wiedersehn. Aber nicht in Naumburg: Ihr wißt, es bekommt mir schlecht, und der Ort hat nichts in meinem Herzen, was für ihn spricht. Ich bin dort nicht «geboren», und niemals «heimisch» geworden. [...]

Euch in Liebe zugethan F.

Ich vergaß für Deinen Brief, meine liebe Mutter, der sich mit dem meinen gekreuzt hat [zu danken]. Es ist mir nicht in den Sinn gekommen, etwas «übel zu nehmen» – – im Gegentheil!

* Ferdinando Galiani (1728–1787), ital. Ökonom und Freigeist, Henri Beyle (1783–1842), bekannt unter dem Autorenpseudonym Stendhal, und Michel de Montaigne (1533–1592), frz. Schriftsteller.

[Venedig, Ende April 1885]

Meine liebe Mutter, ich antworte sofort, sehr erfreut über Deinen Brief und Deine Sendung. Im Grunde bin ich vielleicht niemals so guter Stimmung gewesen wie die letzten Wochen, und es scheint mir, daß ich fortwährend es fühle, wie Ihr beieinander in einer festlichen und freudigen Stimmung seid. Daß ich außerdem einen Musiker habe, der ganz eigens für meinen Geschmack und meine Ohren Musik macht, während ich andre Musik kaum mehr aushalte, ist ein großes Glücks-Geschenk für einen mit schweren Aufgaben überladenen und oft gedrückten, halbzerdrückten Menschen, der nicht mehr ganz jung ist. Es bleibt zu sagen übrig, daß mit meinen Augen es schlimm steht, unheimlich-schlimm; mein ganzes Leben habe ich niemals eine so seltsame und schnell zunehmende Verdunkelung erlebt: es ist alles vor mir mit Schleiern, welche sich schnell bewegen, überdeckt, dabei thränen die Augen beständig. Für den Sommer muß ich irgendwohin «ins dunkle Loch»; ich weiß mir noch nicht zu rathen. [...] Ich habe viel Geduld im Verkehr mit den mir fremdesten Naturen; und habe noch niemanden von mir gestoßen; aber zuletzt büße ich's immer mit meiner Gesundheit. Am schlimmsten bekommen mir die Langweiligen; am besten die geistigen Hanswürste, – und im Grund habe ich deshalb, weil man diese unter Deutschen heute nicht findet, fast nur mit Todten Verkehr. – «Bekenntnis einer schönen Seele», nicht wahr? [...]

Meine liebe Mutter, Dein Sohn eignet sich schlecht zum Verheirathetwerden, unabhängig sein bis zur letzten Grenze ist mein Bedürfnis, und ich bin für meinen Theil äußerst mißtrauisch geworden in diesem einen Punkte. Eine alte Frau, und noch mehr ein tüchtiger Diener wäre mir vielleicht wünschenswerther. Wüßte ich nur erst einigermaaßen, wo leben! Du glaubst nicht, an was für delikate Bedingungen die Freiheit meines Kopfes und meine ganze geistige Tüchtigkeit gebunden ist. Und nun die Augen!

Außerdem bin ich gar noch von einer gräßlichen und ganz unmöglichen Verwegenheit meiner Meinungen, ich meine für deutsche Verhältnisse und sittsame gute Freunde und Nachbarn unmöglichen Verwegenheit. Immer aber Komödie spielen, wie ich es so viel thue und gethan habe, geht mir wider den Geschmack; zuletzt ist man doch gerne «bei sich zu Hause» wenigstens ehrlich. Ich meine: ich kann mir eine «Lebensgefährtin» gar nicht vorstellen, ohne aus der Haut zu fahren. – – [...]

Dein F.

[Venedig, Ende Mai 1885]

Meine liebe gute Mutter,

es ist mir nicht viel anders zu Muthe gewesen, diese ganze Zeit über, als Dir; die ganze Sache ging mir durch und durch. Und da Dein Sohn eine schlechte Gesundheit hat, so war er folglich immer krank; dieser Frühling ist einer der melancholischsten Frühlinge meines Lebens. Es fehlt mir hier an Abziehung und an theilnehmenden Menschen: an Herrn K* nehme ich den wärmsten Antheil, aber zu einem Verkehre mit mir ist er nicht gemacht, noch weniger dazu, etwas für einen Halbblinden Vorsorge zu haben. Für den Tag der Hochzeit hatte ich das Glück, daß eine Baseler Familie, welche mir von Nizza aus bekannt ist, mit mir eine Ausfahrt nach Lido machte; die Nöthigung, mit wohlwollenden halbfremden Menschen zu reden, war mir eine wahre Erleichterung.

Vielleicht ist alles so, wie es gekommen ist, in Ordnung; auch haben wir beide (ich meine Dr. Förster und mich) uns bisher schicklich genug und mit sehr viel gutem Willen benommen. Die Sache ist aber gefährlich, und wir wollen etwas auf der Hut sein; für meinen persönlichen Geschmack ist ein solcher Agitator zum näheren Verkehre etwas Unmögliches. Er

* Heinrich Köselitz (s. S. 60).

selber hat wohl das gleiche Gefühl: er schrieb zuletzt an mich «Ob eine persönliche Beziehung vor unserer Abreise uns dauerndes Behagen zurücklassen würde, wage ich zu bezweifeln». Du verstehst.

Ich verstehe die Gestaltung seiner Zukunft nicht, und ich für meine Person bin sogar zu aristokratisch gesinnt, um mich dermaaßen mit 20 Bauernfamilien rechtlich und gesellschaftlich auf gleichen Fuß zu stellen: wie er es im Programm hat. In solchen Verhältnissen bekommt der, welcher den stärksten Willen hat und am klügsten ist, das Übergewicht; gerade zu diesen beiden Qualitäten sind deutsche Gelehrte schlecht präpariert. Pflanzen-Nahrung wie Dr. F sie will, macht solche Naturen nur noch reizbarer und verstimmbarer. Man sehe sich doch die «fleischfressenden» Engländer an: das war bisher die Rasse, welche am besten Colonien gründete. Phlegma und Rostbeef – das war bisher das Recept für solche «Unternehmen».

Was mit mir für diesen Sommer wird, weiß ich immer noch nicht. Wahrscheinlich das alte Sils-Maria: ob ich gleich von allen meinen dortigen Aufenthalten eine schauerliche Erinnerung habe. Ich war immer krank, hatte keine Nahrung, die gerade mir Noth thut, langweilte mich unerhört, aus Mangel an Augenlicht und Menschen – und kam immer in einer Art Verzweiflung in den September hinein. Diesmal habe ich eine alte Dame in Zürich eingeladen, dorthin zu kommen; noch habe ich keine Antwort. Die jungen Damen, alles wenigstens, was um Malvida von Meysenbug herum wächst, ist nicht nach meinem Geschmack; [...]

Mit den Augen steht es täglich schlimmer; und ohne daß mir jemand zu Hülfe kommt, bin ich am Ende des Jahrs wahrscheinlich blind. So will ich denn schließen, ich sollte gar nicht lesen und schreiben: aber man hält's nicht aus, wenn man ganz allein ist.
Mit alter Liebe
Dein Sohn.
NB. Es ärgert mich immer, daß meine dumme Gesundheit und Dein Naumburg und Haus sich nicht miteinander vertragen wollen. Es wäre mir keine kleine Wohlthat, wenn Du bei mir sein könntest.
Venezia (Italia) (poste restante)

[Sils-Maria, vermutlich Anfang September 1885]

Meine Lieben, ich kann nicht alles sagen, noch weniger schreiben: und ich denke, Ihr wißt, daß ich mich ungefähr in die bescheidene Attitüde eines «leidenden Gelehrten» «der um seiner Gesundheit willen im Süden oder im Engadin lebt», zu schicken weiß. Es hat seine guten Gründe, weshalb mir Men-

schen fehlen, die zu mir gehören; und es wäre für einen Philosophen lächerlich, wenn er es anders verlangen wollte. Trotzdem, es stirbt die Sehnsucht nicht in mir aus, daß der außerordentliche Glücksfall sich doch noch einmal ereignet; es ist höchst schauerlich, solchermaaßen allein zu sein. Mißversteht mich nicht: Das letzte, was ich wünschte, ist «Ruhm» und «Zeitungslärm» und «Schüler-Veneration»; ich habe es zu sehr aus der Nähe gesehn, was dergleichen heute zu bedeuten hat. Ich würde mich mitten darin noch einsamer fühlen als schon jetzt und vielleicht in der Menschenverachtung noch erschrecklich zunehmen.*

*– – – aber es geht nicht, – und es ist für uns alle besser so. Ich kann jetzt keinen solchen Abschied nehmen. Da mir das Lama** davon will, so ist es besser – – –*

Sils-Maria
6. Sept. 1885

Meine Lieben,

Eure schönen Gaben und Lockspeisen sind eingetroffen – ach, es bedurfte der Lockmittel nicht, Ihr könnt es gar nicht ausdenken, wie sehr und wie lange schon

* Verehrung.
** Geschwisterlicher Kosename für Elisabeth.

eine Art von grimmigem Heimweh mich quält und mich zu der nordischen Reise zu überreden sucht. Ja, es ziehen auch noch andre Zauber mich nach Eurer Richtung: z.B. daß mit großer Wahrscheinlichkeit diesen Winter in Dresden meine himmlische Leib- und Trostmusik-Oper «Der Löwe von Venedig»* zu hören ist. Und trotzdem: es geht nicht! Es geht nicht! Ich bin ein armes Thier mit meiner Gesundheit, das wißt Ihr – und es ist schlecht in diesem Jahre gegangen, bei aller Vorsicht. Das liegt daran, daß ich mich von übermäßig schweren Pflichten und Skrupeln bedrängt weiß, denen eigentlich nur eine Löwen- und Bären-Gesundheit standhielte. Vielleicht kann ich dies nicht deutlich machen, aber glaubt es mir: ich leide Tag und Nacht daran. Daß ich «gute Miene» zu machen weiß und von Zeit zu Zeit sogar einen Anfall von Glück und von ausgelassener Munterkeit habe, das wißt Ihr auch: sonst lebte ich lange nicht mehr. Es wird mir schrecklich schwer, das Lama vor ihrer Abreise nicht zu sehen, es geht mir durch und durch. Trotzdem ist es, glaube ich, besser so – und nicht nur meinetwegen. Vielleicht könnte es bei einem noch-

* Komische Oper in drei Akten von Heinrich Köselitz (s. S. 60), der seit 1881 unter dem Pseudonym Peter Gast tätig war; gemeinsame Anstrengungen, das Werk zur Aufführung zu bringen, scheiterten; erst 1891 sollte das Werk in Danzig seine Uraufführung erleben.

maligen Wiedersehen herauskommen, zu sehr herauskommen, wie vereinsamt sich Euer Fritz jetzt fühlt – denn ich bin ohne Ausnahme alle meine Freunde in den letzten Jahren losgeworden – und wie er thatsächlich schon in einem fernen, fremderen, auch unzugänglicheren Lande lebt, als alle Paraguays sein könnten. Aber wir sollten uns alle einander hübsch Muth machen, da wir allesamt nichts Kleines vorhaben. [...]

Mit meiner lieben Mutter will ich, wenn sie erst allein ist, dies und jenes Zusammentreffen und Zusammenleben verabreden: inzwischen müssen wir uns alle tapfer zusammennehmen. Sils bleibt mein Sommer-Aufenthalt: das hat sich entschieden, [...]

In Liebe und mit Thränen
Euer Fritz.

[Chur, 29. Juni 1886]

Meine liebe gute Mutter,

in Chur bin ich angekommen, wie billig, nach der ungeheuren Anstrengung, krank. Auch jetzt noch Kopfschmerz. Doch habe ich schon einen wundervollen langen Waldspaziergang in stärkender Gebirgsluft gemacht. Die Reise war trefflich in Scene gesetzt: ich kann Dir nicht genug für Deine Gegenwart und Hilfe dabei danken. Im Grunde war es so ganz in Ordnung, daß ich zu Dir kam, für diesen Frühling. Aber ein anderes Mal müssen wir's umgekehrt verabreden, nicht wahr? meine liebe liebe Mutter!

Mit dem herzlichsten Danke
Dein F.

Nizza, 13. Nov. 1886

Meine liebe alte Mutter,

[...] Womit könnte ich Dir für Weihnachten eine hübsche kleine Freude machen, meine gute Mutter? Aber Du mußt ganz ernsthaft darauf eingehn; ich habe eben die Summe von 500 frc. erspartes Geld, kann mir also einen kleinen Luxus erlauben. Zumal ich gar niemanden habe als meine gute Mutter. – Man hat so wenig Menschen übrig, wenn man ein bißchen genauer zusieht. Was mich jetzt besorgt macht, ist, daß ich vielleicht bald auch nichts mehr zu thun habe, von wegen der immer schlechteren Augen: nämlich nichts mehr thun kann. –

Wir haben trauriges Wetter, viel Regen; auch gab

es eine große Sturmfluth, bei der viel beschädigt worden ist. Ich selbst wurde von einer Welle überrascht und flüchtete auf einen Baum.

Mit herzlichstem Gruß und Dank Dein
F.

den 18. Oktober [1887] Venedig

Meine liebe Mutter,

Dein Brief, am Geburtstage eintreffend, fand mich bei einer Thätigkeit, an der Du Vergnügen gehabt hättest: ich schrieb gerade ein Briefchen an das südamerikanische Lama. Dein Brief und Deine Glückwünsche waren übrigens die einzigen, die bei mir anlangten: was mir einen guten Begriff von meiner inzwischen erreichten «Unabhängigkeit» gegeben hat: letztere aber ist für einen Philosophen die Bedingung ersten Ranges. Hoffentlich hast Du an meinen letzten Mittheilungen die gute Laune nicht überhört, mit der ich Dir die Speisekarte deutscher Urtheile über mich vorlegte: diese kennenzulernen hat mich wirklich erheitert, – auch bin ich Menschenkenner genug, um zu wissen, wie sich in 50 Jahren das Urtheil über mich herumgedreht haben wird und in welcher

Glorie von Ehrfurcht dann der Name Deines Sohnes strahlt, wegen derselben Dinge, derentwegen ich bis jetzt mißhandelt und beschimpft worden bin. Seit meiner Kindheit nie ein tiefes und verständnisvolles Wort gehört zu haben – das gehört eben zu meinem Loos, auch erinnere ich mich nicht, darüber geklagt zu haben. Übrigens bin ich «den Deutschen» gar nicht gram deshalb; erstens fehlt ihnen gerade die ganze Bildung, der ganze Ernst für die Probleme, wo mein Ernst ist, und dann – sie sind wirklich sehr okkupiert und haben alle Hände voll zu thun, als daß sie Zeit hätten, sich mit etwas absolut Fremden zu beschäftigen. Anbei, zu Deiner Beruhigung gesagt: Du scheinst zu glauben, daß der Widerspruch, den ich finde, etwas Wesentliches mit meiner Stellung zum Christenthum zu thun hat. Nein! So «harmlos» ist Dein Sohn nicht, so «harmlos» sind auch meine Herrn Gegner nicht. Die Urtheile, die ich Dir schrieb, stammen samt und sonders aus der Sphäre der unkirchlichsten Parteien, die es jetzt gibt; das waren keine Theologen-Urteile. Fast jede dieser Kritiken (die zum Theil von sehr intelligenten Kritikern und Gelehrten stammten) wehrte sich ausdrücklich gegen den Verdacht, als ob sie etwa mich durch den Hinweis auf die Gefährlichkeit meines Buchs «den Kanzelraben und den Altarkrähen ausliefern» wollte. Der Gegensatz, in dem ich mich befinde, ist hundert Mal radikaler, als daß dabei die religiösen Fragen und Confessions-Schattierungen ernstlich in Betracht kämen. [...]

Die Nachrichten über Paraguay sind wirklich sehr erquicklich; doch fehlt bei mir immer noch auch der leiseste Wunsch, mich in die Nachbarschaft meines antisemitischen Herrn Schwagers zu setzen. Seine und meine Ansichten sind verschiedne Ansichten: – und ich bedaure dies nicht. – [...]

Mit den herzlichsten und dankbarsten Grüßen
Dein altes Geschöpf.

[Nizza, 29. Januar 1888]

[...] Ich bin so froh, daß ich wieder habe arbeiten können: oder anders ausgedrückt, daß mein Geist wieder den Muth hatte zu der Aufgabe, in deren Dienst ich bisher gelebt habe. Die Zeiten, wo dieser Muth fehlt, sind über die Maaßen schwer zu überwinden; und da, nach reichlichster Erfahrung geurtheilt, kein M einen Begriff hat, worum es sich bei mir handelt und mit was für einer Last [ich] mir das Leben schwergemacht habe, so weiß auch niemand, womit man mich etwas erholen*

* Abk. f. «Mensch».

und ermuthigen vermöchte. Meine Versuche in dieser Hinsicht – im Grunde alle meine Reisen nach Deutschland seit 10 Jahren – sind mir ins Gegentheil umgeschlagen, als förmliche Niederlagen und Demüthigungen, deren Consequenz an meiner Gesundheit und leider auch an [meiner] Erinnerung ich immer erst spat losgeworden bin. Ich bin jetzt vorsichtiger … ich hoffe endlich dies absurde Bedürfnis, von den Mitmenschen etwas zu wollen, was sie mir absolut nicht geben könnten, – Erholung, Erquickung, Ermuthigung – losgeworden zu sein. Im Grunde ist es eine Tragödie; das Mißverhältnis ist zu groß geworden. Ich habe diesen Deutschen mitten in der Periode ihres geistigen Niedergangs Werke ersten Ranges gegeben, um deren willen die Nachwelt vielleicht diesem Zeitalter verzeihen wird, daß es dagewesen ist: habe ich auch nur ein Wort tiefen Dankes oder nur den Millionstel Theil der Ehre erfahren, auf den ich dafür Anspruch hätte?

Ihr habt alle keinen Glauben an mich – meine Mutter ebensowenig wie meine Schwester

Ich wünsche durchaus, mich nicht wieder der Gefahr auszusetzen, in einem Augenblick, wo ich stolz darauf bin, etwas Unsterbliches gethan zu haben, beschimpft, beschmutzt, verhöhnt zu werden – Dergleichen vergißt man nie: [das] wurmt den wohlwollendsten Charakter. – –

Wer kommt denn neben mir in diesem Zeitalter in Betracht? … Aber ich bin von aller Welt preisgegeben … habe keine Lust, mir das zu Gemüth zu führen. Seit 10 Jahren wirkt jede Berührung mit dem deutschen Norden auf mich wie *eine Niederlage: Du kannst Dir das nicht vorstellen, welchen Eindruck es auf mich gemacht hat, nach den fürchterlichsten Jahren der tiefsten Gesundheits-Erschütterung, nachdem ich das tiefste größte Werk des ganzen Jhrs* hervorgebracht hatte, so behandelt worden zu sein, wie ich jahrelang behandelt worden bin. Dergleichen vergißt man nicht: und so wie jetzt alles steht, ist nichts mehr wiedergutzumachen.*

Nizza den 30. Januar 1888

Meine liebe Mutter, es scheint mir, daß es heute wieder heller und besser steht. Gestern habe ich Dir, wenn ich mich recht erinnere, einen traurigen Geburtstagsbrief geschrieben. Ich war halbtodt und müde vor vielen Schmerzen. Auch stand der Himmel voll dicker Schneewolken. Ich glaube, so würde ich mich oft fühlen, wenn ich den Winter im Norden lebte: denn ich bin ein schwermüthiges Thier und habe mehr als andere den Sonnenschein <u>jeder Art</u> noth. Verzeihung!

Dein altes Geschöpf

* Abk. f. «Jahrhunderts».

[Nizza, vermutlich 17. Februar 1888]

Dies Mal muß ich an m einen recht freundlichen und lieblichen Brief schreiben, nachdem ich sie das letzte Mal so arg erschreckt habe. Aber es steht wirklich diesen Winter schlimm mit mir; und wenn Du es aus der Nähe sähest, würdest du mir gewiß einen solchen schmerzlichen Schrei verzeihen (wie es mein letzter Brief gewesen sein muß). Ich verliere mich mitunter ganz aus der Gewalt; und bin beinahe die Beute der düstersten Entschließungen. Leide ich etwa an der Galle? Ich habe jahraus, jahrein zu viel Schlimmes hinunterschlucken müssen und sehe mich rückwärts blickend vergebens nach auch nur einem guten Erlebnis um. Jetzt bin ich von einer ganz und gar lächerlichen und erbärmlichen Verwundbarkeit, daß beinahe alles, was von außen kommt, mich krank macht, und das Kleinste zu einem Unthier anwächst. Das Gefühl, allein zu sein, der Mangel an Liebe, die allgemeine Undankbarkeit und selbst Schnödigkeit gegen mich – aber ich will nicht fortfahren in dieser Tonart. Die Wahrheit ist, daß Dein Sohn ein tapferes Thier ist und daß er Erstaunliches in dem letzten Jahre wieder durchgesetzt hat: aber warum muß jede meiner Thaten mir hinterdrein zur Niederlage werden? Warum fehlt mir jeder Zuspruch, jede tiefe Theilnahme, jede herzliche Verehrung?*

Eine unerträgliche Spannung liegt Tag und Nacht auf mir, hervorgebracht durch die Aufgabe, die auf mir liegt und die ab-

* Abk. f. «meine Mutter».

solute Ungunst aller meiner sonstigen Verhältnisse zur Lösung einer solchen Aufgabe: das ist die Hauptsache.

Meine Gesundheit hat sich unter der Gunst eines außerordentlich schönen Himmels und guter Nahrung (und stärk. Spazierengehen) ziemlich aufrechterhalten: nichts ist krank, nur die liebe Seele. Ich fürchte mich geradezu vor dem Frühling: dies ist immer meine schwache Zeit. Andrerseits weiß ich keine Stelle mehr, wo ich M habe, die mir jetzt nütze wären: und meine gute M** ist zu weit weg.*

*Es thut mir wohl, was Du mir aus dem B*** vom Lama abschreibst: wirklich habe ich lauter häßliche Briefe an sie geschrieben, und zuletzt hat man sich lieb, wie sehr man sich auch wehe gethan hat.*

Sils-Maria, an einem der letzten Tage
[14. September 1888]

[...] Zuletzt: meine gute Mutter, wir wollen nicht den Muth verlieren. Eigentlich glaube ich, daß wir beide jetzt etwas krank sind und <u>deshalb</u> alles zu schwer nehmen. [...] Es umarmt Dich das alte Geschöpf. [...]

* Abk. f. «Menschen».
** Abk. f. «Mutter».
*** Abk. f. «Brief».

Torino, via Carlo Alberto 6 III
den 21. Dezember 1888

Meine alte Mutter,

es gibt, wenn mich nicht alles täuscht, in den nächsten Tagen Weihnachten: vielleicht kommt mein Brief noch zur rechten Zeit, vielleicht auch hat Herr Kürbitz* einen Wink verstanden, den ich ihm vor einigen Tagen gegeben habe. Mit der Bitte, Dir etwas auszudenken, was Dir Vergnügen macht und wobei Du gerne an Dein altes Geschöpf denkst und, im übrigen, um Nachsicht bittend, daß es nicht mehr ist. – Wir haben auch hier ein wenig Winter, doch nicht so, daß ich hätte heizen müssen. Die Sonne und der helle Himmel werden nach ein paar Tagen Nebel immer wieder Herr. Es gab ein großes Leichenbegängnis, einer unsrer Prinzen, der Vetter des Königs; sehr verdient um Italien, auch um die Marine, denn er war der Admiral der Flotte.

Ich bin in jedem Sinne froh, mit Nizza fertig zu sein – man hat mir indessen 3 Bücherkisten hierher gesandt. Auch die einzige wohlthätige und liebenswürdige Gesellschaft, die ich dort hatte, die ausgezeichneten Köchlins, ebenso reiche als feine und an die besten Kreise gewöhnte Leute, fehlen zum ersten

* Bankier in Naumburg.

Male diesen Winter in Nizza. Es geht schlecht mit dem alten Köchlin, Madame Cécile hat mir ausführlich geschrieben: beständiges Fieber. Sie sind bei Genua, in Nervi – Dagegen habe ich aus Genf gute und heitere Nachrichten von Madame Fynn und ihrer russischen Freundin.

Das allerbeste aber bekomme ich von meinem Freunde Köselitz zu hören, dessen ganze Existenz sich erstaunlich verändert hat. Nicht nur daß die ersten Künstler Berlins, Joachim*, de Ahna** sich auf das Tiefste für seine Werke interessieren, diese anspruchsvollste und verwöhnteste Art Künstler, die Deutschland hat: Du würdest vor allem verwundert sein, daß er in den reichsten und vornehmsten Cirkeln Berlins nur verkehrt und sich mit allzuviel Erfolg um ein schönes und erschrecklich reiches Mädchen bewirbt, obwohl er einen jungen Grafen Schlieben zum Rivalen hat. Ja die Herrn Musiker! Er hat schon den ganzen Sommer auf dem Schloß seiner Prinzessin, in Hinterpommern, ungeheure Wälder, zwischen lauter Junkern und Gardeoffizieren gelebt; aber sie will nichts als Musik von Köselitzen geigen und singen. –

Vielleicht erlebt seine Oper ihre erst Aufführung in

* Johann Joachim (1831–1907), Violinist und Komponist.
** Heinrich de Ahna (1835–1892), Violinist.

Berlin; Graf Hochberg* steht den Kreisen nahe, die er frequentiert. –

Im Grunde ist Dein altes Geschöpf jetzt ein ungeheuer berühmtes Thier; nicht gerade in Deutschland, denn die Deutschen sind zu dumm und zu gemein für die Höhe meines Geistes und haben sich immer an mir blamiert, aber sonst überall. Ich habe lauter ausgesuchte Naturen zu meinen Verehrern; lauter hochgestellte und einflußreiche Menschen, in St. Petersburg, in Paris, in Stockholm, in Wien, in New-York. Auch wenn Du wüßtest, mit welchen Worten mir die ersten Personnagen ihre Ergebenheit ausdrücken, die charmantesten Frauen, eine Madame la princesse Ténicheff, durchaus nicht ausgeschlossen. Ich habe wirkliche Genies unter meinen Verehrern – es gibt heute keinen Namen, der mit so viel Auszeichnung und Ehrfurcht behandelt wird, als der meine. – Siehst Du, das ist das Kunststück: ohne Name, ohne Rang, ohne Reichthum werde ich hier wie ein kleiner Prinz behandelt, von jedermann bis zu meiner Hökerin** herab, die nicht eher Ruhe hat, als bis sie das Süßeste aus allen ihren Trauben zusammengesucht hat (das Pfund jetzt 28 Pf.)

* Bolko Graf von Hochberg (1843–1926), Komponist und Theaterintendant.

** Händlerin.

Zum Glück bin ich jetzt allem gewachsen, was meine Aufgabe von mir verlangt. Meine Gesundheit ist wirklich ausgezeichnet; die schwersten Aufgaben, zu denen noch nie ein Mensch stark genug war, fallen mir leicht. Turin ist wirklich meine Residenz; ah, mit welcher Distinktion man mich hier behandelt! –

Meine alte Mutter, empfange, zum Schluß des Jahres, meine herzlichsten Wünsche und wünsche mir selber ein Jahr, das den großen Dingen, die in ihm geschehen müssen, in jeder Hinsicht entspricht.

Dein altes Geschöpf.

NACHWORT

Unter den zahlreichen, meist innigen, seltener bitteren, zornigen, hadernden Briefen, die von Philosophen- und Dichtersöhnen an ihre Mütter adressiert worden sind, nehmen die Briefe Friedrich Nietzsches eine Sonderstellung ein. Nur wenige Söhne haben so oft und so kontinuierlich wie er an die Mutter geschrieben. Die Korrespondenz reicht von dem ersten Brief des Fünfjährigen, der seine «liebe Mutter» sogar «sehr lieb» hat und der er ihr «gehorsamer Fritz» sein will, über die Briefe des Alumnus aus Schulpforta, des Studenten aus Bonn und Leipzig, des Basler Professors, der Wanderjahre in der Schweiz, Frankreich und Italien bis zum letzten Brief an sie vor dem Ausbruch des Wahns, in dem er zu Weihnachten, wie alle Jahre wieder, der «alten Mutter» als ihr «altes Geschöpf» schreibt, ihr aber nun mitteilt, daß er zu einem «ungeheuer berühmten Thier» und vollends zu jenem «kleinen Prinzen» geworden ist, der er schon als «kleiner Pastor» war. Nietzsche, der großmannssüchtige Kleine Prinz, der sich unter die Sterne der Weltgeschichte versetzt, bevor der rast- und ruhelose nomadisierende Nestflüchter von ehedem unter der

Obhut und Pflege seiner Mutter in jedem Sinn «stationär» wird.

Diese Briefe sind durchweg liebevoll, oft rührend, wie die vorliegende Auswahl nicht nur mit den obligaten Geburtstags- und Weihnachtsbriefen dokumentiert. Sie sind keineswegs dominant die Reflexe einer «schwarzen Pädagogik», in der Liebe und Liebeserpressung nicht voneinander zu trennen wären. Die zahllosen Schreiben, die in Sachen Nahrung (inklusive Schleckereien), Kleidung (inklusive schmutziger Wäsche) und Bücher gewechselt werden, sprechen erst einmal eine harmlosere Sprache.

Untergründig ist freilich selbst in liebevollen Briefen, wie diese Auswahl auch zeigt, etwas von der Ambivalenz dieser Mutterbindung zu spüren. Und in etlichen Briefentwürfen wird diese Ambivalenz manifest. Sie durchmessen Nähe wie Ferne, Dankbarkeit wie Zorn bis zur unverhohlenen Wut, Verehrung wie Verachtung, ja, Liebe wie Haß, Prousts, Rilkes, Hesses Briefen an ihre Mütter vergleichbar. Doch bezeichnenderweise werden diese Briefentwürfe bis auf wenige Ausnahmen nicht abgeschickt. Gegenüber seiner ebenfalls geliebten Schwester kann Friedrich Nietzsche zur Not rücksichtslos Klartext sprechen – gegenüber seiner Mutter nur selten, meistens nicht. So werden die Briefe das bewegende und irritierende Zeugnis einer Doppelbindung, der wohl kein Kind je ganz entgeht, die aber selten den extremen Grad wie bei Nietzsche erreicht. Die Geschichte einer Liebe zwischen Mutter und Sohn, Sohn und Mutter, die zu einer – durchaus wechselseitigen – Überbeanspruchung wurde, ist ihr primärer Grund.

Nach dem frühen Tod des geliebten Mannes und Vaters, der für die verwitwete Franziska Nietzsche, geborene Oehler (1826–1897), und den gut achtzehn Jahre jüngeren Sohn gleichermaßen traumatisierend wird, mußten beide mehr ineinander suchen und voneinander erwarten, als einer freien, nicht erpresserischen Liebe förderlich sein konnte. Die Rollenzuschreibung für den Musterknaben und «kleinen Pastor» Nietzsche resultierte daraus. Auch als Heranwachsender und Erwachsener hat Nietzsche sich keineswegs ungern mit ihr identifiziert. Manchmal kann er sich sogar als gleichaltrigen, ja, älteren Bruder der Mutter und als Nachfolger des Vaters imaginieren. In den Jahren des Wahns steht er als korrekt gekleideter Fast-Ehemann, der seiner Mutter galant den Arm reicht, vor unseren Augen.

In dem Maße aber, wie Friedrich Nietzsche sich zunehmend von der pietistisch-protestantischen Familientradition, der christlichen insgesamt löst, kann er sein geistiges Leben nicht mehr in seine Mutterbeziehung integrieren. Als freier Geist, Gottesmörder, negativer Evangelist des Gottestodes, Antichrist, rücksichtsloser blasphemischer Verflucher des Christentums fällt er vollends aus dem familiären Rahmen heraus. Keiner der großen Philosophen hat sich so weit wie Nietzsche geistig von seiner Herkunft entfernt – keiner ist ihr untergründig so sehr verhaftet geblieben. Für den Antichristen bleibt nur noch die – immerhin als solche artikulierte – Nicht-Kommunikation. «Laß es, Mutterchen, es ist von einem ganz anderen Standpunkt aus geschrieben», empfiehlt der Sohn ihr seine immer radikaleren Bücher zur Nichtlektüre. Und die Mutter bekennt: «Es greifen mich derartige Sachen so an, indem es die Grundfesten unseres Glaubens erschüttert und am Ende selbst die Liebe zu einem so edlen lieben und geliebten Kinde beeinträchtigen könnte.» Wenn sie dann doch einmal liest, so verliest sie sich lieber sogleich. Aus der *Götzendämmerung* wird so die «Geisterdämmerung». Und die Publikation seiner blasphemischsten Texte hat der Sohn, wie sie gerne glauben möchte, «gewiß nicht gewollt».

Schwerwiegender noch die moralischen, vor allem die sexualmoralischen Differenzen. Natürlich können sie nach den Tabus der christlich-bürgerlichen Sexualmoral nicht ausgesprochen werden. Seiner Mutter kann der Sohn zwar schreiben, daß ihm die Selbsttötung nicht ferne gewesen sei – das weitestgehende Dokument seiner Offenheit –, von seinem

Liebesleben nicht. Hier werden die Briefe am allermeisten zum Dokument einer Verdrängung. Und als dem Sohn in Gestalt von Lou von Salomé ein einziges Mal die sinnliche und die intellektuelle Verheißung naht, da exkommuniziert ihn die Mutter als «Schande für das Grab seines Vaters» und «Schimpf der Familie», wie der Sohn, dem seither «noch nicht eine Stunde aus dem Gedächtnis weggeblieben» ist, ein Jahr später, im Frühjahr 1883, an seine Freunde Franz Overbeck und Heinrich Köselitz (= Peter Gast) schreibt. Das ist der schlimmste Vorwurf, der ihn treffen konnte. Dementsprechend heftig hat er darauf reagiert – selber der Gefangene einer Moral, die er als «freier Geist» nur philosophisch transzendieren konnte.

Was Mutter und Schwester ihm zugefügt haben – die Mutter, von der er nun sagt, daß er sie «nicht mag», «seit seiner Geburt» – deutet er unverhohlen als Mordversuch. Doch das steht wieder nur in Briefen an seine Freunde oder in Briefentwürfen, die er nicht abschickt.

An die lesende Öffentlichkeit abgeschickt hat er freilich die grausame Abrechnung, die er in *Ecce Homo* notiert hat, auf einem Blatt, das die Schwester für alle Zeit vernichten wollte, das aber in der Kopie erhalten geblieben ist:

«Wenn ich den tiefsten Gegensatz zu mir suche, die unausrechenbare Gemeinheit der Instinkte, so finde ich immer meine Mutter und Schwester – mit solcher canaille mich verwandt zu glauben wäre eine Lästerung auf meine Göttlichkeit. Die Behandlung, die ich vonseiten meiner Mutter und Schwester erfahre, bis auf diesen Augenblick, flößt mir ein unsägliches Grauen ein: hier arbeitet eine vollkommene Höllenmaschine, mit unfehlbarer Sicherheit über den Augenblick, wo man mich blutig verwunden kann [...]. Ich bekenne, daß der tiefste Einwand gegen die ‹ewige Wiederkunft›, mein eigentlich abgründlicher Gedanke, immer Mutter und Schwester sind [...]. Man ist am wenigsten mit seinen Eltern verwandt.»

Nach der Lou-Krise von 1882 und 1883 läßt sich die gestörte Balance dann immerhin so weit restabilisieren, daß das um den Preis der Schizoidie an der Oberfläche wieder versöhnte Leben fortgeführt werden kann: vollständige geistige Kommunikationslosigkeit bei weitestgehender emotionaler Abhängigkeit und noch zunehmender oraler Regression auf die mütterliche Versorgung. Noch in Sils-Maria, wo den Sohn seine höchsten und tiefsten Gedanken überfallen, bezieht er aus Naumburg die Würste des Antichristen nebst der nötigen wärmenden Wäsche und den obligatorischen verstrickenden Strickwaren. Die Briefe sind insofern bis zum Ende das ebenso witzige wie rührende Zeugnis dafür, daß die oralen, die Paketbeziehungen zwischen Müttern und Söhnen auch dann noch intakt bleiben, wenn die geistigen Sendungen längst nicht mehr ankommen.

In den ersten Januartagen 1889 aber wird dieses schizoide Leben vollends zerrissen, mit dem paradoxen Effekt, daß sich die Mutter den entlaufenen Sohn nun wieder einverleiben kann. Im Wahn artikuliert sich allerdings auch bis zur Handgreiflichkeit, was früher ungesagt, wenn nicht ungedacht, jedenfalls ungetan geblieben war. Noch während des Transportes von Basel nach Jena bekommt der Sohn «auf dem Abort» einen «schrecklich anzusehenden Wutanfall» auf die Mutter. Später befürchtet Heinrich Köselitz, daß er sie «möglicherweise einmal erschlagen oder erwürgen könnte».

Selbst angesichts der vehementen Attacken des Sohnes aber bleibt die Liebe der Mutter unerschütterlich. Sie pflegt den aus ihrer Sicht in die Irre Gegangenen und nun endlich Heimgekehrten mit unendlicher Hingabe, mit Mut gegenüber den psychiatrischen Autoritäten, mit Umsicht, mit einer fast nie erlahmenden Zuversicht. Die Mutter Friedrich Nietzsches verdient Sympathie, ja, Bewunderung. Sie weiß sich jedoch auch durchzusetzen wie seit je. Jetzt endlich «folgt er so gut», «gefügig wie ein Kind». Und unter ihrer Anleitung wird *der* Gottesmörder der Moderne wieder fromm. Endlich können beide auf allen Ebenen wieder zusammenkommen. Endlich hat sie ihn ganz und ungeteilt für sich allein.

Nun wird das «alte Kind» in der Tat zu jenem «alten Geschöpf» seiner Mutter, als das er seine Briefe gerne signiert. «Ich bete dich an mein liebes Mutterchen», flüstert er ihr zu, wie sie begeistert notiert. Oft fragt er sie: «heißt du Franziska vielleicht?» und sieht sie dazu «fast zärtlich mit seinen lieben guten Augen an».

Als neue «Maria lactans» bereitet sie ihm das «Fläschchen schönster Milch». Sie singt ihn in Schlaf. Ihre frühe Vermutung, daß sie dermaleinst noch den «Kandidaten der Theologie» ins Bett bringen würde, hat sie nicht getrogen. Einträchtig vereint liegen sie beide auf dem Sofa nebeneinander schlafend.

Als Friedrich Nietzsche noch bei Sinnen war, hat sein *Zarathustra* schon verkündet: «Daß der Schaffende selber das Kind sei, das neu geboren werde, dazu muß er auch die Gebärerin sein wollen und der Schmerz der Gebärerin.» Als er nicht mehr bei Sinnen war, hat er in seinen letzten von der Mutter aufgezeichneten Worten die alt-neue Einheit beschworen. Es ist sein letzter Brief an die Mutter, ungeschrieben, aber nicht ungesagt:

«Ich habe viel in Naumburg gelebt, weil ich gut war. Ich habe in der Saale geschwommen wie ein Wallfisch. [...] Ich war sehr fein und gebe jeden Tag einen Hausschlüssel an meine Mutter ... Ich bin kein Kind mehr. Jemand habe ich sehr geliebt mich selbst. [...] Ich habe Friedrich Nietzsche gar nicht geliebt. [...] Ich bin gern aus dem Haus gegangen. Ich habe niemand geliebt nicht einmal einen Menschen. [...] Schöne Milch die habe ich sehr geliebt. [...] Was hat denn die Frau Pastor? Schöne Augen. [...] Hände die liebe ich nicht. [...] Schöne Milch gute Milch. [...] Ich liebe meine Mutter sehr. [...] Wo lebt meine Mutter eigentlich. [...] Die Mutter elegant die liebe ich sehr. Gute Augen. [...] Ich habe meine Mutter sehr geliebt weil sie gut ist. [...] Ich liebe die Mutter sehr weil ich die Mutter sehr liebe.»

Auf dem Hintergrund einer auch hier noch prekär bleibenden Selbst- und Menschenliebe wird die Mutterliebe geradezu magisch beschworen: ein maternales Mantra. «Ich liebe die Mutter sehr weil ich die Mutter sehr liebe.» Endlich ist der Sohn mit seiner Mutter im symbiotischen Paradies.

Ludger Lütkehaus

EDITORISCHE NOTIZ

Um die Lesbarkeit der Briefe zu erleichtern, wurde für die vorliegende Ausgabe die Orthographie behutsam modernisiert. Vom Herausgeber vorgenommene Auslassungen wurden durch drei Auslassungspunkte in eckigen Klammern markiert, Orts- und Datumsergänzungen in eckige Klammern gesetzt. Nicht abgeschickte Briefentwürfe Nietzsches sind durchgehend durch Kursivierung gekennzeichnet.

INHALT

Trennung
Ein Gedicht
5

Briefe an die Mutter
7

Nachwort
83

Editorische Notiz
93

Umschlagmotiv:
Fotografie von 1882
© akg-images

Diese Buchausgabe wurde mit der Bembo gesetzt.
Das FSC-zertifizierte Papier EOS
liefert Salzer, St. Pölten.
Alle verwendeten Materialien entsprechen alterungsbeständiger Qualität, die Papiere sind
chlor- und säurefrei.
Printed in Germany 2007
ISBN 978-3-7175-4062-5

www.manesse.ch